패션화시대의 경영

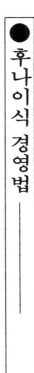

● 후나이식 경영법

머 리 말

《정보원(情報源)》이라는 책이 있다. 출판사는 고오단샤(講談社)인데, 여러 가지 정보를 얻고 싶을 때, 어떤 사람, 어떤 기관에 문의하면 좋은가를 사전식으로 편집한 책이다.

그 안에서 패션이라는 항목을 펼치면, 후나이 유끼오(船井幸雄)라는 나의 이름이 맨 앞에 나타난다. 또한 인명 색인에서 후나이 유끼오라는 나의 이름을 찾게 되면, 나의 본업이 경영 컨설턴트보다 패션 전문가로 되어 있다.

이 《정보원》이라는 책을 볼 때마다 나는 쓴웃음을 금할 수가 없다. 왜냐하면 나는 패션 전문가가 아니기 때문이다. 그렇지만 패션이 어떤 것인지는 잘 안다. 패션 비즈니스에 대해서도 상당히 자세히 아는 것은 틀림이 없다.

나는 상당히 곱게 머리가 벗겨져 있다. 아직도 40대 중반인데 누구든지 처음 대하는 사람은 믿으려 하지 않는다. 경영 컨설턴트라는 직업상 사람에게 신용을 받아야 하는 30대 때는 상당히 덕을 보았다. 그렇지만 지금 나이에서는 젊게 봐주기를 원하게 된다. 독선적인 판단이지만, 내가 말하고 싶은 것은 머리숱이 적은 사람, 대머리인 사람은 이른바 예술가가 적다는 이야기이다.

고미 야스스케(五味康祐)씨의 말에 의하면 머리털이 짧은 사람은 혈액순환이 좋고, 매사를 대범하게 파악하며, 사소한 일에는 신경을 쓰지 않으며, 결단력과 판단력이 빠르다고 한다. 이와 같은 패턴을 남성적이라고 하는데, 일반적으로 예술을 이해하지 못하며 음치(音痴)가 많다고 한다. 따라서 예술가는 머리를 길게 기르고 여성적으로 감정의 전입(轉入)을 도모하지 않으면 안된다고 고미씨는《고미인상(人相)교실》이란 책에서도 그렇게 말하고 있다.

확실히 내가 알고 있는 범위 내에서 패션업계(디자이너나 모델을 중심으로)의 남성들에게 단발족은 거의 없다. 아마 전혀 없는지도 모른다. 더구나 그들은 상당히 섬세한 편이다.

가끔 이시쓰 겐스케(石津謙介)씨와 식사를 같이 하는 일이 있는데, 그는 한번 씹을 때마다 입을 악물듯이 먹는다. 식기로부터 국이나 채소 그릇, 그릇의 배치와 배색 방법까지 얄밉도록 자신의 기호를 나타낸다. 부러울 지경이다. 그러나 나와는 완전히 다른 이질적인 것을 느끼게 한다.

나로서도 어떤 것이 아름다운 것인지는 잘 안다. 어떠한 식기를 사용하고, 식탁 위의 배치는 어떠해야 한다는 식으로 세부적인 희망도 있다. 상세한 요구도 잘 한다. 그렇지만 기대가 이루어지지 않아도 그다지 신경을 쓰지 않는다. 그보다 현재는 식사시간과 수면시간을 어떻게 단축하는가에 흥미가 많다.

나는 최근 평균적으로 아침식사는 약 10분간, 점심식사는 5~10분간, 저녁식사는 대강 15~20분 정도로 한다. 간단히 먹어 치울 경우에는 아침식사 5분, 점심식사 3분, 저녁식사 10분일 때가 흔히 있다.

매력이 없다고 말할는지도 모르지만 지금의 나에게는 식사라든가 수면 등 되풀이 되는 행위는 될 수 있는대로 줄여 시간을 아끼는 일이 필요하다. 아무리 오래 산다고 하더라도 100년은 살지 못할 것이다. 죽게 되면 끝인지도 모른다.

"즐겁게 식사하고 여유있게 휴식을 취하며, 좀더 인생을 엔조이 하는 게 어때요?" 하고 결혼 당초에 아내로부터 그런 말을 곧잘 들었다.

그러나 지금의 나에게는 인간으로서, 남자로서 하고 싶은 일이 너무 많다. 그래서 되풀이 되는 업무(본능적 만족까지도 포함하여)에는 될 수 있는 한 최소한도의 시간을 할애하고 싶으며, 남에게 맡겨도 되는 일은 남에게 일임하여 100% 맡겨 버린다 (덕택으로 사람을 쓰는 일, 남에게 일임하는 일에는 도통했다는 말을 듣고 있다).

나라는 사람은 이러한 사나이인 것이다.

한편, 나는 가정을 매우 소중히 생각하고 있으며, 센스라든가 감성 같은 것을 남들보다 몇배나 소중히 여기고 있다. 아무리 시간이 아깝다고 하더라도 3번의 식사는 정확히 하고 있으며, 수면시간이나 운동도 남달리 건강을 유지할 수 있도록 충분히 노력하고 있다.

의지도 비교적 강한 편인데 담배도 끊으려고 결심하고 그 시간부터 끊었으며, 현재까지 10여년 동안 단 한번도 담배를 입에 문 적이 없다.

여기까지 장황하게 자신의 일에 대해서 말해 온 것은, 자신이 체질적으로 완전히 남성적이라는 것을 독자들이 알아 줬으면 싶어서였다.

경영이란, 일반적으로 남성적인 요소가 없으면 잘해 나갈 수 없지만, 한편 패션을 포함하여 예술은 여성적인 요소가 큰 구실을 한다.

물론 내가 존경하는 에토와르의 전무이사 가이도(海渡二美子)처럼 미인이고 여성다우며 게다가 남자를 뺨칠 정도로 멋있는 여성 경영자도 많다. 그렇지만 이런 사람들은 어디까지나

특수한 예일 것이다. 천재적인 경영 재능을 갖추고 있다고 생각하는 것이 좋다.

자신이 스스로를 평하는 것은 좀 이상하지만, 경영에 관해서는 프로라고 생각한다. 자신이 경영하고 있는 회사를 포함하여, 경영 컨설턴트의 분야에서도 최근 수년동안 연속적으로 성공하였다. 앞으로의 일은 잘 모르지만, 나는 자신이 없는 일은 하지 않는 성격(제3자의 나에 대한 평은 ① 100원의 돈이 있을 때는 20원밖에 쓰지 않는 사나이이며, ② 100의 능력이 있을 때 30의 힘으로 성공할 수 있는 일이 아니면 착수하지 않는 남자……라고 한다)이므로 그다지 실패하는 일은 없을 것으로 여겨진다.

또한 실패하더라도 그것을 실패로 깨닫기 전에 성공으로 전환하는 ① 변환 자재성(變幻自在性)과 ② 스피드 있는 행동력은 누구보다도 빠르므로, 이런 점에서도 나는 자신에 대해 다행으로 생각하고 있다.

알기 쉽게 말하면 '경영이란 실패하면 안되는 것'으로 나는 믿고 있다. 이러한 체질을 지니고 있는 내가 볼 때 2000년대의 경영은 매우 어렵다고 생각한다. 정치면 혹은 경제면에서도 커다란 변동의 시기이다.

그러나 시계바늘 같은 속에서 우리가 살고 있는 이상, 가까운 장래에 대한 추측은 가능하다. 그러한 관점에 서서 미래를 보게 되면, 거기에서 자연적으로 해답이 나온다. 어떤 식으로 경영하면 좋은가를 알 수 있다.

이 책에서는 패션 비즈니스적 사고에 따른 경영…… 이것이 2000년대의 하나의 경영의 결정적인 요소가 될 것 같은 생각이 지금 들고 있는 것이다. 그리고 그와 같은 예감이 이 책의 출판을 결심케 한 최대의 이유이다.

후나이 유끼오

서 장 이제부터는 패션 비즈니스적 경영법의 시대

1. 1970년대는 제3차 산업의 시대

일본에서의 1940년대는 제1차 산업의 시대였다. 농업인구가 국민의 40%를 차지하고 있었다.

1950년대, 1960년대는 제2차 산업의 시대가 되었다. 공업인구가 급증했으며, 그 생산액의 전체 생산액에서 차지하는 비중도 상당히 상승하였다.

한편, 1980년대에는 아무래도 제3차 산업의 시대가 될 것 같다.

표1은 노동성과 통산성에서 발표한 자료에 따라 작성한 것인데, 공업의 주력시대가 끝났음을 분명히 나타내고 있다.

〈표 1〉 3부문별 취업자 구조   ( )안은 생산액비(율)

	취업자수 (만명)	제1차 산업 ‖ 농림 어업(%)	제2차 산업 ‖ 공업(%)	제3차 산업 ‖ 상업·서비스업· 운수·통신업등(%)
1955년	4,119	37.1(22.8)	24.8(29.0)	38.1(48.2)
1973년	5,218	13.3(7.1)	36.7(36.5)	50.1(56.2)
1985년	5,669	8.1(4.0)	36.5(35.7)	54.4(60.3)

16

이것을 알기 쉽게 말하면, 제3차 산업으로 계속해서 사람이 흘러 들어온다는 것을 나타내고 있다. 제3차 산업에의 취업자 수가 증가하고 생산액 비중도 그 이상으로 상승한다는 이야기인데, 이것은 매우 중대한 의미를 가지고 있다.

제1차 산업과 제2차 산업은 앞으로 더욱 더 합리화 되고 안정화 될것이다. 그 때문에 남아도는 인력은 합리화가 어렵고 또한 인력적인 요소가 큰 제3차 산업으로 좋거나 싫거나 흘러 들어가지 않을 수 없다는 것이다.

물론, 안전이라는 것은 '과점화(寡占化) 플러스 그밖의 대세(大勢)'라는 패턴을 취하게 되는 것이 일반적이므로, 제1차 산업, 제2차 산업에서도 이와 같은 패턴을 취할 수 없는 업계(이른바 거대기업이 없으며 또한 합리화가 어려운 인적 요인이 큰 업계, 예를 들면 의류봉제 업계 등)에서는 역시 제3차 산업과 똑같은 결과가 올 것 같다.

이들 업계에서는 이중구조를 탄생시켜 공급 과잉을 초래하게 되고 격렬한 경쟁을 초래할 것이다.

그러나 그러한 조건에서도 생산액은 종업원수의 많고 적음에 대체적으로 비례할 것이다. 그 때문에 제3차 산업의 생산액은 더욱 더 거대화 되고, 생산액의 비중도 취업자의 비중과 비교하여 높아질 것이다.

1970년대는 불안정한 시대가 될 것이다. 일본인의 과반수가 취업하게 되고, 생활의 식량(食糧)을 벌 수 있는 업종은 그지없이 불안정한 이중 구조적 산업이나 제3차 산업인 것이다.

이 제3차 산업계가 안정하자면, 지난날의 제1차 산업 및 제2차 산업이 안정으로 향했을 때의 패턴과 마찬가지로 보다 고차원적 산업으로 취업자가 흡수되었을 때일 것이다.

알기 쉽게 말하면 제4차 산업이 제3차 산업으로부터 사람들을

대대적으로 흡수하고 제3차 산업에서 과점화(寡占化)상태를
나타낼 때라고 할 수 있다.

현재로 봐서 제4차 산업은 지식산업·교양·교육산업·시스템
산업·정보산업 등을 생각할 수 있으며, 이들이 제3차 산업에서
사람들을 대대적으로 흡수하려면 빨라도 1980년대가 될 것으로
생각된다.

확실히 말해서 1970년대는 제3차 산업의 시대로 끝날 것이
다.

2. 패션산업은 제3차 산업의 주역

나는 패션산업은 제4차 산업인 지식산업이나 정보산업이라기
보다 의료제품(衣料製品) 등의 소비자를 중심으로 한 유통산업
이라는 것이 딱 맞는 것으로 여겨진다.

유통산업의 특성은 소비자 확보를 강화하는 것이 기업 간의
경쟁에서 승리한다는 것, 권위적이나 카리스마적=교조성(教祖
性)에 의해 소비자를 이끌어가는 필요성이, 유일한 대(對) 소비
자에 대한 능동적인 행동으로서 아무래도 떠오르게 된다는 사실
이다.

여기에서 필요한 경영법은 소비자와 동화(同化)하거나 소비자
의 기호를 어떻게 맞춰 주는가에 따라 결정되며, 정보라든가
지식·교양·시스템 등을 활용하기에는 너무나도 유동적이며
현실적인 것이다. 아무래도 제4차 산업이 전성(全盛)하는 시대에
는 패션산업이라는 말이 그다지 화제에 오르지 않을 것이라는
생각까지 든다.

일본에는 앞으로 10년 정도 제3차 산업의 시대가 온다. 그것은
유통 생산성 추구의 시대이다. '물건'에 '물건 이외의 것'을 부가

하면서 '물건을 물 흐르듯이 파는 시대'일 것이다.

1980년대, 즉 제4차 산업의 시대에는 지적(知的) 생산성 추구의 시대가 올 것이다. 그 때는 '물건 이외의 것'이 지닌 가치가 물건과 관계없이 대량 판매로서 버젓이 통용되는 시대일 것이다.

표 2에 대체적인 것을 정리했지만 나로서는 아무래도 패션산업＝제4차 산업이라고는 생각되지 않는다.

이런 것은 마케팅의 변화 측면에서도 파악할 수가 있다.

1950년대로 들어와 비로소 일본 사람들이 보통상태의 욕망을 생활면에서 갖게 된 시점 이후, 일본의 산업계에서 주류가 되었던 마케팅은 디스카운트 마케팅이었다. 그것은 '좋은 것을 싸게 만드는' 것을 지상과제로 하였다. 그러나 1960년대로 들어와 '물품 과잉'의 상태가 나타나기 시작하자 이번에는 손님을 유도하여 소비를 유발할 필요성이 생겼다. 한편 이전부터 성장시켜온 생산기구(대량지향형)로 살리지 않으면 안되었다. 여기에 나타난 것이 세그먼트(Segment ; 부분·구분) 마케팅이다. 목표를 가장 유리한 방향으로 설정하고 시류(時流)와 기업체질을 조절하기 위해 이는 어쩔 수 없는 최선의 방법이었다.

〈표 2〉 제3차 산업과 제4차 산업

제3차 산업	제4차 산업
물건이 주체	물건 이외의 것이 주체
유통 생산성의 추구가 가장 중요	지적 생산성의 추구가 가장 중요
소비자 지향 소비자에의 동화 } 경영시대	자연지향 환경에의 동화 } 경영시대
물건을 중심으로 한 아름다움 ∥ 패션 산업	교양(마음)을 중심으로 한 아름다움 ∥ 교양(敎養) 산업

한편 모든 분야에서 '물건 과잉'이 본격화 한 1960년대 후반, 한층 더 소비를 증진시켜 수요를 개척하기 위해, 마케팅은 종합화를 하나의 방법으로 발견하였다. 그것은 ① 아름다운 센스에 호소하여 ② 균형에 호소하는 것으로 소득 수준의 향상에 따라 교양 수준 향상을 의도하고 있는 일본인에게 잘 어울리는 것이었다.

'물건을 균형있게 미적(美的)으로 배합하여 사용하고 싶다'는 것은 교양 수준의 초단계 향상 욕구로서 그 자체가 딱 맞는 것이었다. 이들의 욕구는 다시 말해서 패션적인 욕구이며, 1970년대는 일본인들에게 패션적인 욕구의 전성시대라 할 수 있을 것이다.

물론 마케팅의 세계에서는 현재 이미 토털 마케팅의 다음 단계인 엘리트 멤버즈 마케팅의 시대에 들어가 있다. 그러나 이것은 세그먼트 마케팅의 하나의 변형이며 일본에서는 그 수명이 짧을 것으로 생각된다. 엘리트 의식을 자극하여 심리적인 차별화에 의해 '물건'을 사게 하려는 것은 일본적인 성향이 아니다.

1950년대부터 세계의 마케팅은 미국에 의해 선도되어 왔다. 그것은 한마디로 말해 세그먼트 마케팅이며 일본식으로 말하면 차별화(差別化) 마케팅이었다.

그러나 일본인은 차별화 인종이 아니라 반대로 동질화(同質化) 인종 혹은 대범한 인종과 같은 생각이 든다.

나 자신의 개인적인 경험으로 봐도 1961년부터 경영 컨설턴트의 길을 걸어 왔는데 초기는 미국식 경영법, 미국식 마케팅을 표본으로 하여 일을 해왔다. 그러나 뭔가 실정에 맞지 않는 것이 있었다. ① 전문화 할 것 ② 세그먼트 할 것 ③ 팔리는 계통만 좇으라 ④ 빈틈을 노려라 ⑤ 자기의 주체성을 스스로의 체질에

맞추어 확립하자…… 등 식으로 아무리 말해 보아도 일본에서는
실태와 잘 융합되지 않았다. 그런 결과 많은 컨설테이션에서
나는 실패를 거듭해 왔다. 그런 내가 1969년 이후 컨설테이션에
서는 100%의 성공을 거두게 되었다. 그동안 관계한 회사는 1
000개의 회사를 넘는다고 생각되며, 어드바이스한 것은 수천에
이른다고 생각한다. 그러면서 전연이라고 할 정도로 실패를 하지
않았다. 그 이유는 일본적인 마케팅, 일본적인 경영법으로 나의
사고방식을 전환시켰기 때문이다.

　일본인은 단일 언어를 사용하는 단일민족이다. 언어 이외의
언어, 법 이외의 법으로도 충분히 생활할 수가 있다. 신분이라든
가 사회적 지위의 상하 이동도 세계의 선진국에서는 가장 자유
롭게 할 수 있는 나라다.

　더구나 마크로(macro)적인 인간이 많다. 일본인은 어디서나
통용되는 것이다. 자신의 예를 들어 죄송하지만, 농사꾼의 장남
으로 태어난 나는 대학에서는 농업경제학을 전공하였다. 나의
대학시절, 이른바 1940년대는 식량난의 시대였다. 더욱이 농가
인구가 당시는 국민의 40%을 차지하고 있었다. 어릴적부터 흙과
친해 왔던 나는 주저없이 농학부로 뛰어 들어갔다. 단지 중고교
시대보다 수학과 사회과학계 공부를 잘 했으며, 마르크스에 최대
의 흥미를 느끼고 있었으므로 농학부 중에서는 그런 부문에
특성을 더 살릴 수 있는 농림경제학과로 진학했다. 따라서 지금
'교토(京都)대학 농학부, 농림경제학과 졸업'이라는 나의 학력을
알게 된 사람은 한 순간 의아한 표정을 짓지만 젊었을 때의 나에
게는 가장 어울리는 진로였다.

　그러나 교토대학 졸업 후, 나는 심리학과 경영학을 이론적으로
나 실제면에서 농림경제학보다 몇배나 공부했으며 그 때문인지
경영의 실무, 마케팅의 실무에 대해 지금은 경영 컨설턴트로서

독립해서 설 수 있게 되었다.

이러한 자기를 보고 있으면 세상 중의 변화와 스스로의 체질을 멋있게 일치시킨 좋은 예라고 생각된다. 이 역시 내가 전형적인 일본사람이기 때문일 것이다.

말하자면 내가 대학시절에 어떤 학과를 전공했거나 현재와 같은 직업을 갖고 있을 것으로 생각된다. 아무래도 일본사람들은 시류(時流)와 자기 체질이 알맞도록 정확하게 변화할 수 있고 적응 가능한 것 같으며, 구미인들처럼 태어나면서부터 방향을 결정해 버리는 일이 많은 인종하고는 상당히 다른 것 같다.

교토대학의 농림경제학과를 졸업한 나의 선배에는 미키(三木) 내각의 우두머리인 이데 이치타로(井出一太郎) 내각 관방장관이나, 사회당의 가쓰마다 세이이치(勝間田淸一)씨, 자민당의 네모토 류타로(根本龍太郎)씨와 같은 정치가가 있는가 하면 패션업계에도 레나운의 이토 야스에(伊藤安衛) 사장이나 쓰카모토 상사의 스카모토 이치조 사장 등이 있다. 틀림없이 이들도 멋있게 시류와 체질을 맞춘 분들일 것이다.

좀더 알기 쉽게 설명하겠다. 일본사람을 가장 잘 나타내고 있는 것은 일본의 소매상과 구미의 소매상의 차이이다. 구미에서는 객층(客層)별, 등급별, 품목별과 같은 구분된 상점 혹은 구분된 코너가 아무래도 필요하며 이것이 뛰어난 효과를 올리고 있다.

그렇지만 일본에서는 여러 종류의 상품을 파는 상점 쪽의 업적(業績)이 좋다. 그 등급이나 객층, 품목도 가능하면 폭이 넓은 쪽이 좋다. 그런데 무조건 광범위하면 역시 실패한다. 그곳에는 하나의 원칙이 있는데, 기본적으로 폭이 넓은 쪽이 좋다. 따라서 일본에서는 세그먼트 마케팅은 대단히 어렵다. 이와 마찬가지로 엘리트 멤버즈 마케팅도 장기간에 걸쳐서 주류가 될

〈표 3〉 마케팅의 변천

	년 대	주요 마케트
디스카운트 마케팅	1955년~70년	생리적·물리적 마케트
세그먼트 마케팅	1965년~80년	매스 마케트
토털 마케팅	1970년~90년	패션 마케트
엘리트 멤버즈 마케팅	1975년~85년	심리적 차별화 마케트
프리 옵션 마케팅	1980년 이후	퍼스널 마케트

수는 없을 것 같이 생각된다.

엘리트 멤버즈 마케팅의 다음은 아무래도 프리 옵션 마케팅 (Free option marketing)의 시대가 올 것이다. 이것이야말로 대상 이 개성 마케트이며 '자유롭게 자신이 선택한다'고 하는 인간의 특성에 시장의 주안점을 맞춘 것이다. 고소득, 고등 교양의 사회 =이른바 제4차 산업시대의 마케팅으로서 이것은 장래의 한 방향을 시사해 주는 것이라고 할 수 있다.

지금까지 말해 온 것을 표 3에 나타냈다. 어떻든 간에 1970년 대는 패션 마케트와 심리적 차별화 마케트(1종의 벼락부자의 시장으로 일본인은 간단히 이 시기를 극복하리라 생각되지만 1975년대에는 역시 이 마케트가 핵심이 될 것이다)의 시대이 며, 이에 얼마나 잘 적응하는가가 경영이나 상법의 방향이 될 것이다.

3. 패션 비즈니스적 경영법의 필요성

1970년대에는 일본 사람 대부분이 패션 마케트적 생활을 한다는 것을 나의 설명으로 대략 이해하셨으리라 생각한다.

그것은 ① 불안정하고, ② 경쟁이 격렬하며, ③ 소비의식이 강하며, ④ 엘리트 의식도 강렬하여, ⑤ 줄곧 불만을 안고 있는 시대일 것이다.

정치나 경제도 70년대 전반에는 불안정하고 후반이 되면 양식(良識)이 전반의 반동(反動)으로서 머리를 들 것이다. 그리하여 물질적(物質的)인 경쟁에서의 마지막을 향해 세상은 크게 변화되는 양상을 나타내기 시작할 것이다.

이런 상황에서 경영자는 자기의 기업을 궤도에 올려놓아 운영하면서 살아남지 않으면 안된다. 가능한 한 많은 사람들은 자신이 나아갈 길을 올바로 파악하고 뉘우침을 장래에 남기지 않도록 하지 않으면 안된다.

그러나 거기서는 어쩔 수 없이 패션 비즈니스적인 특성을 지닌 경영이 이루어지지 않을 수 없을 것이다.

그것은 기업 주도권을 위해 ① 권위를 갖추는 일이 필요한 경영이다. ② 일반적으로는 고객위주가 필요한 경영이다. ③ 상호간에 독립과 참가의 경영이다. 그리고 ④ '할 의욕'이 없으면 성과가 오르지 않는 경영이다.

종합적으로 정리하면, 물질적 안정을 위한 최후의 물질적 경쟁의 시대에 적응한 경영이라 할 수 있을 것이다.

그것은 인간 중심의 다소 비겁한 경영법이지만, 일본 사람은 그 누구도 피해 나갈 수는 없을 것이다. 왜냐하면 그것이 시류이기 때문이다. 그러므로 보다 스마트하게 단기간에 보다 견실하게 이 시대를 뚫고 살아나가지 않으면 안된다.

이 책에서는 이에 대한 구체적인 생각을 주로 패션 비즈니스를 통해 파악해 보았다. 그것이 보다 더 이해하기 쉽고 응용하기 쉽다고 생각했기 때문이다.

　본 책의 12장을 다 독파 한 후에 다시 한 번 이 도입의 장을 다시 읽어주기 바란다. 사고방식, 이론구성을 보다 확실히 이해할 수 있을 것이다.

　패션 비즈니스는 ① 패션을 좋아하는 사람만이 이겨 남을 수 있는 비즈니스이다. 패션에 흥미가 없는 사람, 패션을 좋아하지 않는 사람은 거기서는 필연적으로 패자가 되지 않을 수 없다. 그러나 ② 패션에 너무 빠져버리면 패션 비즈니스의 경영은 어렵게 된다. 패션 비즈니스에서 성공한 일류라는 말을 듣고 있는 패션 디자이너의 거의 모든 사람들이 남자의 경우 독신인 것은 여성에게 빠지지 않기 때문이다. 여기에 패션 비즈니스에서 성공하는 포인트가 있다고 생각한다. 패션 비즈니스도 비즈니스인 이상, 좋아하며 흥미가 없으면 안되지만 맹목적으로 빠져 버리는 것은 금기사항이다. 늘 객관적으로 처신하여 이른바 '패션 비즈니란 대상으로 하는 여성과 어린이들을 기쁘게 해주기 위해 경쟁하는 일이다.'……라는 것을 냉정하게 대처할 수 있어야 한다고 하겠다.

　이렇게 생각해 보면 앞으로의 세상은 패션적인 양상을 나타낼 것이며, 비즈니스는 패션 비즈니스적인 것이 가장 시류에 맞는다…… 이것이 이를테면 앞으로의 비즈니스의 결정적인 중요한 포인트라고 단언해도 틀림이 없을 것이다.

　요는 이 점을 올바르게 인식하는 일이다. 마크로하게 시계열(時系列) 속에서 이와 같은 현상을 파악한 대처법의 강구를 패션 비즈니스의 경영자나 담당자 뿐만 아니라 모든 비즈니스의 경영자와 간부가 되는 사람들에게 부탁하고 싶은 바이다.

제 1 장 패션은 패션 담당자에게
──비즈니스 성공의 기본적인 구조──

　나는 1974년부터 1년 동안 '상점계' 지상에 '후나이 유끼오의 소매업 경영론'을 연재하였다. 그리고 1975년에는 1년동안 '지상 세미나'를 연재하였다. 다 같이 평이 좋았으며 많은 독자로부터 교시와 비판의 말을 받았다.

　또한 수많은 요망사항이 답지하였다. 그 중에서도 의외로 많았던 것이 패션 비즈니스에 관한 질문과 요구사항이었다.

　나는 1970년에 비즈니스사로부터《패션 경영전략》이라는 책을 내놓았다. 그 시점 이래 내가 패션 전문가가 된 것 같다. 여러 곳에서 나를 소개하지만, 정해 놓고 '경영 컨설턴트'이며 '패션 전문가인 후나이 선생'이라고 하는 것이 통례가 되었으며,《정보원》이라는 책에서도 서문에서 말한 것처럼 '패션' 항목에 나의 이름이 실리게끔 되었다.

　나는 섬유업계에 대해서는 매우 자세한 사람이다. 사양화 된 섬유업계를 다시 부흥하는 방법으로서 패션화라는 것에 남달리 흥미를 갖고 있었다. 선진 여러 나라의 패션 정보에 대해서도 그런대로 상당히 공부를 하였다.

　게다가 심리학을 전문으로 공부했으므로 아름다운 것에 대해 남다른 관심이 있었던 것을 부정하지 않으며, 스스로도 나이답지 않게 의외로 멋을 좋아하고 있다.

아내로부터 '당신은 목에서 위는 생각하지 않고 자기가 입는 것이나 신을 것만을 산다'고 가끔씩 불평을 하는 것을 보면, 머리가 벗겨진 것을 잊고 언밸런스한 것을 찾는 어울리지 않는 멋인지도 모르지만, 좋아하는 것은 틀림이 없다.

집안도 정원도, 회사의 사무실도, 자신이 타는 승용차에도, 더하여 가족이나 회사 사원 등 어울리는 사람들에까지 아름다움과 멋을 요구하고 싶어 하는 사람임에는 틀림이 없다.

예를 들면 나는 벽에 걸려 있는 그림이 고작 1밀리라도 일그러져 있어도 기분이 좋지 않은 성격이다.

다만 《패션 경영전략》이라는 책은 이와 같은 나의 특성과는 달리, 1970년의 시점에서의 경영 컨설턴트로서 나의 섬유 유통업계에 대한 예언과 경고의 책으로서 써낸 것이다.

이상하게도 금년에, 이 책을 다시 읽어 보고 거기에 쓴 예언의 대부분이 100% 적중한데 대해 내 스스로 놀라지 않을 수 없다. 예를 들어 이 책의 머리말에 나는 다음과 같이 써놓았다. 이 책의 2쪽 13행부터 11쪽 10행까지는 확실히 다짐하기 위해 여기에 다시 실어보기로 한다.

"1969년 11월, 나의 생각은 다음과 같이 변화해 왔다.

① 일본에도 매스의 시대는 올 것이다. 그러나 그것은 단기간 동안에 이내 고급화, 개성화로 바꾸어질 것이다.

② 식품에서도 1975년에는 슈퍼이론은 통용되지 않을 가능성이 있다.

③ 상사(商社)의 기능을 진지하게 생각해 보면, 상사의 대량 판매점에 대한 투자에는 문제가 있다.

④ 일본의 경우, 현재의 대량 판매점이 중심이 되어 계열화에 손댈 것이다. 단, 이에 대하여 도매점이나 백화점에서 잠자

고 있지는 않을 것이다.

⑤ 도매 기능은 기획 기능이 주체이며, 다른 기능에서는 도매 상은 살아 남지 못하다.

⑥ 소매점은 대형점, 종합점, 거점주의가 시류에 가장 알맞는 것이다.

⑦ 의료제품 소매점에서의 슈퍼 이론은 완전히 과거의 것이 되어 버렸다.

1970년 6월부터 현재에 이르기까지 나는 다음과 같이 생각하기 시작했다.

① 일본에는 매스 패션을 주체로 한 패션산업이 일시적으로는 성립될 것이다. 그러나 하이 패션의 기업화, 산업화로 불가능할 것이다.

② 매스 패션이 산업으로서 성립되는 기간은 생활관련 상품이라고 일컬어지는 의식주와 여가(余暇) 중에서 식품 이외의 것은 단기간의 수명밖에 없는 것이 아닐까.

③ 패션 시대는 당연히 올 것이다. 그러나 패션의 기업화는 일본의 그것이 하이패션 주체라고 생각되는 만큼 어려울 것이다.

④ 소매업은 아이템 경쟁의 시대에 들어갔다. 보다 대형점과 대형 쇼핑 센터가 시대의 각광을 받을 것이다.

⑤ 1975년에는 대량 판매점은 없어질 것이다(현실적으로 엄밀한 의미에서의 대량 판매점은 지금 경영이 불가능해져 가고 있다).

⑥ 사람을 쓰는 방법은 완전한 인간성 중시형으로 옮겨 가며 인간 기계론은 패하여 없어질 것이다.

⑦ 구인난은 해소되고 미숙련의 새로운 졸업자에게 높은 봉급을 지불하는 일은 우선 5~10년 안에 없어질 것이다.

⑧ 급여는 노동시간에 대해 지불되는 것에서 탈피하고 부가
  가치를 분배하는 것으로 달라질 것이다.
⑨ 유통면에서의 메이커, 도매상, 소매는 기능면은 별도로
  하더라도 경영면에서는 보다 일체화 할 것이다.
⑩ '주도권을 취하는 것 이외에는 이익이 없다'는 경영 원칙이
  앞으로는 매우 확실해질 것이다.
  이 책에서는 이와 같은 현재의 나의 생각을 주체로 패션화라는
시류를 객관적으로 다루어 종합 정리하려고 한다."

나는 이《패션 경영전략》을 저술하기 이전에도 그리고 그 이후
에도 매년 1~2권의 비율로 경영에 관한 책을 저술해 왔는데,
이들 각 저서에서도 패션에 대해서 다소 언급해 왔다. 단지 어디
까지나 경영 컨설턴트의 입장에서 경영이나 비즈니스에 대해
언급해 왔던 것이다.

1. 경영에 필요한 패션 비즈니스적인 견해

내가 '상점계' 독자들의 요청을 받아들여 패션 비즈니스론
(論)을 쓰려고 생각한 것은 나의 생각을 종합 정리할 수 있는
기회라고 생각한 것과 이제부터 앞으로의 경영에는 패션 비즈니
스적 사고(思考)가 가장 적당하다고 생각했기 때문이다.
나는 지금 다음과 같이 일본의 유통업계나 패션 업계의 장래를
생각하고 있다.
  1) 하이 패션 비즈니스는 앞으로 산업으로서나 기업으로서도
    가능해질 것이다. 그 결정적인 포인트는 조직체 운영법이
    될 것이다.
  2) 일본의 패션 비즈니스는 매스 패션 비즈니스 보다는 하이

패션 비즈니스로서 꽃필 것이다.

3) 환경 우선시대와 태도 우선시대가 교대로 되풀이 되겠지만, 결국 도달할 곳은 진짜의 실물(實物) 지향(志向)이 될 것이다.

4) 앞으로 수년간, 의식주를 패션 면에서 바라보면 '주(住)' 우선시대라고 할 수 있을 것이다.

5) 패션은 토털 패션에서 엘리트 멤버즈 패션을 거쳐, 개성 패션, 전문적인 패션으로 변화할 것이다. 그러나 현재 이미 눈에 띄는 패션에서 융합되는 패션에 대한 지향이 강해지는 것에 주의해야 할 것이다.

6) 유통업계는 소매점의 오버 스페이스를 하나의 조건으로 하여 앞으로 수년 동안 완전히 혼란시대로 들어갈 것이다.

7) 대량판매 시대는 이미 끝났다고 보며, 전문점 시대의 도래 여부는 아직 알 수가 없다. 대량 판매점 · 백화점 · 전문점의 업체간 통합과 참여가 앞으로는 매우 격화될 것이다.

8) 유통 계열화의 움직임은 앞으로 격화될 것이다. 그리고 많건 적건 유통업계 각 기업의 장래는 이와 같은 움직임에 대한 대처방법으로 결정될 것이다.

9) 앞으로 기업경영의 기본은 자본생산성의 향상, 상대적 사고(思考), 기업 내의 일체화의 3가지일 것이다. 패션 비즈니스 성공의 결정적 조건도 이 3가지 기본(원칙) 자기 것으로 할 수 있는가의 여하에 달려 있다.

10) 앞으로의 경영에는 패션 비즈니스적인 사고가 가장 적절할 것이다. 유통업계를 재패하는 것은 이 패션 비즈니스적인 사고에 재빠르게 도달한 기업일 것이다.

11) 패션 비즈니스적인 사고라는 것은 전투에는 절대적으로 강한 변환(變幻) 자재형(自在型) 체질을 기본으로 가지고

있다는 일이다. 전투의 다음은 전략을 소중히 하는 일이며 어느쪽이냐 하면 전투, 전략에 비해 전술은 종(從)으로 보는 사고를 말한다.
12) 앞으로는 경합요인으로서 인간적인 요소가 상품적인 요소보다 훨씬 강해질 것이다.

그렇지만 여기에서는 패션 비즈니스를 성공시키는 근본적인 사고 방식부터 말해 보기로 한다.

이 근본적인 사고방식을 내가 말한다면, 앞으로의 비즈니스 성공에 대한 기본적인 구조와 일치한다. 그 점을 충분히 유의하면서 이 글을 읽어 주기 바란다.

2. 나는 패션 비즈니스는 알지만 패션은 모른다

1975년 3월 5일부터 5월 25일까지 교토 국립근대미술관에서 '현대 의복의 원류전(源流展)'이 화려하게 개최되었다. 이것은 교토 상공회의소 패션 산업 특별위원회의 기획으로 개막된 것으로 '교토 패션도시에 대한 제언'을 배경으로 행하여진 것이다.

주최자는 메트로폴리탄 미술관, 교토 국립근대미술관, 교토시, 교토 상공회의소이며, 후원은 외무성·문화청·미국대사관·프랑스 대사관·일본 상공회의소 등이었다.

이 원류전(源流展)은 '현대 의복의 원류전'이라 명칭을 붙였는데 분명히 현대 패션의 원류전이었으며, 실제로 전시장을 찾은 입장자 총수는 11만 1,232명이었다. 일본 사람 중 패션에 흥미가 있는 전문가, 패션에 관계하고 있는 사람들은 거의 다 참석한 행사였다.

　나 역시도 예상대로 그 중의 한 사람이었으며, 원류전 견학 후 감상을 섞어 2시간의 패션 강연까지 의뢰받은 사람이지만, 유감스럽게도 이 원류전을 보고 낙심했던 것이다.

　주최측 위원의 유명한 디자이너 선생들에게 한점 한점 자세하게 해설을 받으며 견학했지만, 나로서는 거의 뭐가뭔지 알 수 없었던 것이다. 아름답게 보이기는 고사하고 뒤죽박죽으로 흉하다고 까지 느낀 것이 상당수 있었다. 따라서 그 후의 강연에서 나는 상당히 거칠게 '나는 패션 비즈니스는 알지만 패션은 모른다'라는 서두의 말을 끄집어 냈으며, '패션은 제대로 된 남자가 전력투구하는 것이 아닌 것 같은 생각이 든다'는 식으로 말할 정도로 탈선해 버렸다.

　어떻든 나는 이 원류전에서 이른바 패션인으로서는 낙제자라는 것을 깨달은 덕택으로, 그 후의 패션 비즈니스의 지도에는 멋있게 성공하게 되었다.

　겐주쿠(原宿)의 거리를 걷게 되면 나는 위화감을 느끼게 된다. 마치 처음으로 알지 못하는 고장으로 갔을 때 느끼는 그러한 위화감인데, 이상하게도 여러 번 가봐도 겐주쿠의 위화감은 사라지지 않았다.

　겐주쿠를 일본의 대표적인 패션 타운이라고 한다면 나는 역시 이른바 현대풍으로 패션하다고는 말할 수 없는 것만 같다.

　그렇지만 역시 나는 내나름으로 한 사람의 상식적인 패션인이라고 자신을 객관적으로 인정하고 있다.

　여기가 패션의 재미있는 점이며, 다양화·개성화·자유화를 기조로 누구나도 참가할 수 있으며, 그리고 자기 주장속에 패션의 패션다운 특성이 있는 것이다.

　이야기를 원점으로 돌리겠다. 지금 나는 이른바 현대 유행적인 패션 전문인은 아니라고 해도 나는 패션 비즈니스의 지도와 경영은 가능하다고 생각한다.

아니, 오히려 유행적인 패션 전문가가 아니라고 깨달았기 때문에 패션 비즈니스에 대해서는 보다 잘 지도할 수 있으며, 경영이 가능해진 것 같은 기분이 든다.

3. 경영의 원칙은 잘하는 사람, 좋아하는 사람을 찾아내 그 사람에게 맡기는 일이다

나의 막내딸은 지금 6세가 겨우 되었다. 나이를 먹은 다음 낳은 아이인데, 늦둥이가 귀엽다는 비유와 마찬가지로 부친으로서 그야말로 눈속에 넣어도 아프지 않을 것 같은 느낌이다.

그 탓인지, 음악을 싫어하는 내가 희한하게도 딸에게 피아노를 사주어 함께 연습하고자 생각하였다. 물론 딸과 함께 배우는 기쁨을 몸에 익히고 싶었기 때문이며, 그밖에 '음악을 모르는 사람은 패션을 모른다……'라고 유명한 패션 디자이너로부터 주의를 받았기 때문이다.

그런데 딸과 함께 피아노를 배워 보고서 나는 여기서 낙심해 버렸다. 몇 차례 피아노 선생한테 갔지만 나는 여전히 손가락 한개를 되풀이 하는 상태에서 조금도 발전하지 않았다. 그런 동안에 당시 아직 4세였던 딸의 두 손은 멋지게 건반 위를 달리며 리듬을 연주하게 되었기 때문이다. 아직 4세, 모든 능력에서 나보다 떨어진다고 믿었던 딸이 나보다 훨씬 우수한 능력을 피아노로 표시한 것이다. 이를 깨닫고 나는 깨끗이 피아노 연습을 그만 두었다. 그뿐만이 아니라 비록 4세인 딸에게도 부친인 내게 없는 놀라운 능력이 있다는 것을 깨달았다.

　이 일로 나는 다음과 같이 생각을 하게 되었다.

　"어떤 사람이든 모두 나보다 멋있는 능력을 어떤 분야에서는 지니고 있을 게 틀림없다. 그렇다면 경영이나 비즈니스는 각각의 파트(부분)에서 될 수 있는 한 잘 하는 사람, 능력을 지닌 사람을 모으든가 찾아내어, 그 사람에게 맡기는 것이 중요한 핵심이 되는 것 같다'고.

　예를 들면, 패션 비즈니스의 중요한 점이라는 것은 패션을 아는 사람, 패션을 좋아하는 사람, 패션을 잘하는 사람을 찾아서, 그들에게 지닌 재능을 충분히 발휘하게 해주는 일이다. 단지 비즈니스이므로 이들을 하나의 경영 목적에 따라 조직적으로 활용하지 않으면 안된다.

　여기서 조금 관점을 바꾸기로 한다. 경영자로서 성공한 사람들을 규격화 한다면 그는 ① 이종(異種)의 다양한 능력을 지닌 자를 모아 포용할 수 있는 사람이며, ② 그들에게 될 수 있는 한 세부적인 것 까지 맡길 수 있는 사람이다.

　나는 이것이야말로 비즈니스의 기본 구조라고 생각한다.

　자기가 무엇이나 다하는 사람은 경영자로서 우선 성공하지 못한다. 남이 할 수 있는 것은 될 수 있는대로 남에게 맡기고 남이 할 수 없는 일만 하는 사람이 성공하는 경영자로서의 필요 조건일 것이다.

　여러가지 다양한 능력을 지닌 사람을 모이게 하고 포용하기 위해서는 아무래도 겸허함이 필요하다. 이와 동시에 마크로적인 시야가 필요하게 된다. 겸허와 마크로적인 시야가 올바른 방향 설정을 가능하게 하고 무리없이 충분히 능력을 발휘할 수 있는 사람을 선정할 수 있게 한다. 패션 비즈니스도 마찬가지이며, 경영자가 스스로의 능력을 겸허하게 자각하고 다른 한편으로 패션업계의 마크로적인 파악이 가능하므로서 자기 기업의 올바른 방향 설정과 경영 목적을 수립할 수 있고, 비로소 방향과 목적에 부합한 인재를 모을 수도 있다.

이 경우의 문제점은, 자기 주위에 있는 사람만으로 모든 일을 해보려고 생각하는 것이 아니고 넓은 의미에서 될 수 있는 한 능력이 있는 사람을 탐색하여 참여하도록 생각해야 할 것이다.

좁은 범위에서의 인선(人選)은 반드시 후회를 남기므로 이점 충분히 신중하게 일을 처리해야 한다. 이것은 비즈니스의 원점임과 동시에 경영 성공의 열쇠가 되기도 하다.

패션 비즈니스의 경우도 매한가지로, 자기에게 제일 가까이 있는 패션 맨을 중심으로 일을 생각하기보다는 경영의 방향, 목적으로 보아 될 수 있는 한 적절한 사람을 선정하는 일이다.

다음에 남이 할 수 있는 일은 될 수 있는 한 남에게 맡긴다는 원칙, 이것이야 말로 사람을 부리고 사람을 참여하도록 하는 중요한 포인트가 되는데, 그러기 위해서는 다음과 같은 점에 주의하지 않으면 안된다.

① 사람을 믿을 수 있는지의 여부.

② 코디네이트 능력이 자기(경영자)에게 있는가의 여부. ※ 코디네이트 능력이란 맡겨 주는 사람에게 올바른 조언(助言)을 할 수 있고, 조정할 수 있는 능력을 가리킨다.

③ 목적과 방향을 자기(경영자)나 담당자도 확실히 알고 있느냐의 여부라는 점이다.

경영학은 우선 인간불신학에서 출발하였다. 그러나 지금이야 말로 세계적으로 인간 불신학으로는 진짜 경영이 불가능해지게 되었다.

감속시대(減速時代)＝경쟁 과잉＝불안이 증대하는 시대에서는 사람의 일하려는 의욕이 중요한 포인트를 차지하게 되었다.

사람은 신뢰를 받지 않으면 쉽게 일하려는 의욕을 일으키지 않는다.

또한 다양화, 개성화, 보다 자유화 된 세상은 변환자재형의 사람이 주체가 된 조직 운영이 무엇보다도 필요하게 된 것이다.

이를 위해서는 인간 신뢰학이 무엇보다도 기본이 된다. 마침 지금의 시류가 탄생시킨 비즈니스가 패션 비즈니스이다. 그렇다면 패션 비즈니스야말로 인간 신뢰의 사람에게 맡기는 경영, 사람이 주체인 변환자재형 경영을 하지 않으면 안된다고 할 수 있다.

나는 의료제품 업계와 특히 인연이 깊다. 지금 이들 메이커나 도매상 혹은 소매점의 경영자들에게 새로운 방향으로서 패션에 관계해 보도록 권장하고 있다. 단지 그 때는 반드시 다음과 같은 말을 하고 있다.

"경영자는 패션에 흥미가 없으면 안됩니다. 또한 패션 비즈니스가 무엇인가를 알지 않으면 안됩니다. 다만 패션에 푹 빠져 있으면 반드시 실패합니다. 예를 들면 허리에서 밑에는 빠져 있어도 좋지만, 어떤 일이 있어서도 얼굴만은 위로 올려 놓고 있어야 합니다. 이것이 패션 비지니스의 경영의 비결입니다. 이유는 간단합니다. 푹 빠져 있으면 마크로를 알지 못하게 됩니다. 그리고 사람에게 맡길 수가 없습니다. 코디네이트도 불가능해 지기 때문입니다."라고.

"나는 패션맨이 아니라는 것을 깨달았다. 그 덕택으로 패션 비즈니스의 지도는 잘할 수 있게 되었다. 패션은 패션맨을 선정하여 맡긴다. 더구나 그 패션맨은 목적인 고객에게 가장 가까운 사람을 뽑아올 것이다."

이것이 패션 비즈니스의 기본 구조인 것이다.

제 2 장 패션 비즈니스 경영자의 조건

——필요한 적성과 패션 레벨——

제1장에서 '나는 패션 전문가라는 말을 듣고 있으나 개개의 패션에 대해서는 전연 알지 못한다. 그래서 알지 못하는 것에 대해서는 아는 사람을 찾아 그 사람에게 맡겨 버리면 좋다는 것을 깨달았다. 이것이 패션 비즈니스의 출발점이다'라는 주장을 상당히 자세히 설명하였다. 이른바 '패션 비즈니스는 패션맨에게 맡기자' 라는 발상이다.

그런데 문제는 맡기는 쪽의 조건이다. 어떤 사람이나 패션 비즈니스의 오너(경영자)가 될 수 있는가, 어떤지? 라는 과제가 남아 있다. 본 장에서는 이 문제를 가지고 패션 비즈니스의 경영자로서의 조건을 기술하려고 한다.

1. 패션이란?

1) 패션이란 유행이며 변화이다.
2) 패션이란 욕망의 변화가 구체적으로 나타난 현상이다.
3) 패션이란 멋을 부리고 싶다, 개성적이고 싶다는 등의 일반적 · 감각적 · 정서적 · 지성적인 욕구변화의 현상을 말한다.

4) 패션이란 진짜를 목표로 하는 미적 변화의 한 가지 과정이다.

5) 패션이란 여성과 어린이를 어떻게 기쁘게 해주는가를 목표로 경쟁한 결과 이루어진 것이다. 그것은 어느 편이냐 하면 남성보다는 여성적이며, 어른보다는 어린이에 가까운 것이다.

6) 패션이란 쉬지 않고 새로운 창조성이 가미되기는 하지만, 순환적인 것이다. 보수성과 혁신성이라고 하는 인간의 본성을 가장 평화적으로 나타낸 것이다.

이상은 최근 반년 사이에 패션에 대해서 질문받았을 때의 답변이었다. 지금 이들의 대답을 열거해 보면 패션의 특성이 떠오르게 된다.

이것을 우선 종합 정리해 보자.

① 유행하는 것

② 변화하는 것

③ 아름다운 것

④ 욕망이 떠받들고 있는 것

⑤ 에스컬레이트 하는 것

⑥ 자연적, 본질적인 것

⑦ 인간적인 것

⑧ 순환하는 것

⑨ 창조성이 있는 것

이렇게 늘어놓고 보면 패션이란 완전히 인간적, 상식적인 것이며, 보는 방법을 달리 하면 인간성 그 자체를 조금 모양 좋게 형상화 한 것이라 할 수도 있을 것이다.

말하자면 인간성에는 꿈과 현실이 있다. 다음 쪽의 표 4에서

이를 종합 정리해 봤는데, 인간성 가운데 꿈과 같은 미래 사고
적, 동경적인 부문이 패션이라는 이름으로 꽃을 피운다고 할
수 있을 것이다. 이 표 4의 '센스의 양성이 가능하다', '감성으로
움직인다', '인텔리젠스가 기준이 된다'…… 이 3가지가 패션
행동의 기반이 된다. 더구나 그 개화(開花)는 역시 '인텔리젠
스'에 의해서일 것이다.

알기 쉽게 말하면 패션의 방향 설정(전략)은 인테리젠스, 구체
적인 계획(전술)은 센스, 전투(당면 문제)는 감성이 결정적인
구실을 한다고 할 수가 있다. 이런 것을 충분히 이해한 다음,
다음에 전개하는 나의 패션 오너(owner ; 경영자)론(論)을 읽어
주기 바란다.

〈표 4〉 인간의 생활

2. 패션 비즈니스 오너로서의 적절한 조건

1) 패션 비즈니스의 방향 설정이 가능하다

패션 비즈니스의 오너(여기서부터는 패션 오너라 부른다)는
우선 패션 비즈니스의 방향 설정이 가능해야 한다.

그러기 위해서는 꿈을 가진 사람이 아니면 안되며, 구체적으로
는 어느 수준의 인텔리젠스를 갖춘 사람이 아니면 안된다.

어느 수준이라는 것은,

① 뚜렷한 인생철학과 이념을 가지고 있으며,

② 줄곧 발전하려는 욕망과 최고에 대한 동경이 있으며,

③ 물질적인 것도 중요하지만, 심리적인 견해, 그 중요성, 양호
   성을 알며,

④ 미래에 대한 커다란 꿈이 있다,

는 것이 기본조건이 된다. 이렇게 생각해 볼 때, 패션 오너는
인생경험이 풍부하고 상당히 지적 수준인 사람이 아니면 유지할
수 없다는 것을 잘 알게 된다.

2) 패션을 좋아한다

다음에 패션 오너는 패션을 좋아하지 않으면 안된다.

'오너의 기본 조건은 허리부터 밑은 잠기지만 머리까지는 결코
잠기지 않는다는 일이다'라는 경영 원칙이 있다. 패션에서도
이 원칙은 다른 비즈니스의 경우와 마찬가지다.

패션 오너는 패션이나 패션 환경에는 허리부터 밑만 잠겨야
되고 푹 잠겨서는 안된다는 의미는,

① 우선 패션을 좋아하며,

② 직업인·전문가는 되지 않고, 줄곧 객관적으로 판단할 수
   있는 입장에 있을 수 있다는 것이다.

그런데 이 좋아한다는 것에 매우 중요한 의미가 있다.

한 예를 들어보자. 일반적으로 좋아하는 이성(異性)이 없으면
결혼생활을 영위할 수 없다. 말하자면 부부생활을 할 수가 없
다. 이 좋아하고 싫어하는 감정에는 본능적인 것이 물론 있다.
대다수의 사람은 태어나면서부터 뱀이나 도마뱀에 혐오감을
지니고 있는데, 이것은 본능적인 것이다.

그러나 좋아하고 싫어하는 것을 본능만으로 처리될 수가 없다. 예를 들면, 나는 모든 운동경기를 다 좋아한다. 그런데 수영만은 다른 대다수의 사람들과 반대로 그다지 좋아하지 않는다. 오히려 싫을 정도이다. 이유는 전쟁 중, 중학생 시절 교련시간에 야단을 맞고 풀에 처넣어져 1시간 남짓 모든 친구가 보는 앞에서 옷을 입은 채 강제로 수영을 하게 된 언짢은 경험을 지니고 있기 때문이다. 지쳐서 풀의 가장 자리에 손을 대려고 하면 죽도(竹刀)가 날아 왔다. 그야말로 죽음의 일보 직전까지 시달림을 받았던 것이다. 이와 같은 경험이 나로 하여금 수영을 싫어하게 만들어 버렸다. 더구나 종전 후, 나를 못살게 한 배속장교(교련의 교관)를 이번에는 시달림을 당한 몇 친구가 구타하여 반 정도 죽게 만든 사건이 있었으므로 여름이 되어도 나는 풀에서 절대로 수영을 하지 않는다. 이는 다소 극단적인 예가 되겠지만, 이렇듯 좋아하고 싫어하고 하는 것에는 과거의 경험이 크게 영향을 미친다.

패션을 본능적으로 싫어하는 사람은 우선 없다고 생각한다. 그렇다면 경험적으로 패션을 좋아하는 환경에 있었거나 혹은 그러한 환경에 있는 것은 패션 오너가 될 조건이 될 것이다.

항상 주변에 젊은 여성이 있는 환경이라든가, 패션 디자이너인 여성과 결혼한 경우, 그밖에 이와 비슷한 사례(경험)가 많겠지만, 어떻든 패션 오너는 패션을 좋아하지 않으면 안된다.

다음은 직업적인 사람, 전문가가 되지 않고 언제나 객관적으로 판단하기 위해서는 마크로적(的)인 소질을 필요로 한다.

마크로 맨과 미크로 맨의 차이는 표 5에서 정리했으므로, 이 표를 보면 알 수 있겠지만 마크로맨적인 패션맨이 이른바 패션 오너의 적임자이다.

일반적으로 패션이라고 하면 주요 대상이 여성, 어린이라고 생각되기 쉬운 것처럼 미크로 맨을 대상으로 하고, 패션을 좋아하는 사람은 미크로 맨에 많은 것도 부정할 수 없는 사실이다. 그렇지만 미크로 맨으로서는 경영이 상당히 어려우며, 패션 오너가 되기가 지극히 어려운 것도 또한 사실이다.

그 점에서 자기의 특기 혹은 결점에 대해서 충분히 인식하고 있어야 한다.

〈표 5〉 마크로 맨과 미크로 맨

마크로 맨(거시적 인간)	미크로 맨(미시적 인간)
여러가지 일이 시야에 뛰어 들어온다	한가지 일밖에 시야에 들어오지 않는다
크게 파악하는 형	쌓아 올리는 형
계획형	충동형
자기 주장을 되도록 하지 않도록 노력하고 있다(외향형)	자기주장이 강하다(내향형)
객관적	주관적
규칙적으로 움직인다	감정으로 움직인다
사소한 일에 신경을 쓰지 않는다	작은 일에도 신경을 쓴다
경영자형	예술가형

3) 패션 인간이다

더 나아가서 패션 오너는 패션 인간이 아니면 안된다.

한 사람이 패션인간인가, 아닌가는 완전히 선천적인 소질의 문제이다.

나는 패션인간을 다음과 같이 정의하고 있다.

① 동시 처리가 가능한 사람. 동시 처리란 예를 들면 TV를 보면서 원고를 쓸 수 있듯이 동시에 2개 이상의 일을 처리할 수 있는 사람이다.

② 구별이 없는 사람. 일과 취미가 일치하며 일이 고통스럽지 않고 마냥 즐거워서 견딜 수 없다…… 라고 생각하고 행동할 수 있는 사람.

③ 미인이란 무엇인가를 감각적으로 정서적으로 아는 사람. 그리고 늘 미적 의식을 가지고 생활하는 사람.

④ 변화를 고통스럽게 생각하지 않는 사람. 특히 이 세상의 흐름에 거역하지 않고 마치 물에 떠내려 가는 배처럼 몸을 내맡길 수 있는 사람.

지금 말한 것과 같은 조건을 갖춘 사람이 패션 인간이다. 나는 패션 오너가 이와 같은 조건을 갖춘 패션 인간으로서의 소질이 없으면 안된다고 생각한다.

4) 패션 오너의 적성(適性)

결국 패션 오너의 적성이라는 것은,

① 꿈(비젼과 낭만)이 있는 사람.

② 확실한(사람을 설득하여 납득시킬 수 있는 수준에 도달한) 인텔리젠스를 가지고 있는 사람.

③ 패션을 좋아하는 사람.

④ 객관적인 판단이 가능한 사람.

⑤ 마크로 맨.

⑥ 패션 인간.

…… 등의 각종 조건을 모두 충족시키는 인간이라 할 수 있을 것이다.

3. 패션 오너의 레벨

그런데 어떤 경우에도 마찬가지지만, 적성만 가지고는 일이 해결되지 않는다. 적성에 교육·훈련을 실시하여 어떤 수준에 이르지 못하면 그런 것은 대체적으로 실패하고 만다.

패션처럼 격렬한 경쟁과 변화가 많은 세계에서는 이는 특히 필요한 조건이 된다.

이 어떤 수준을 패션 오너 레벨이라고 나는 말하고 있는데, 다음에 이 점을 패션의 변화를 통해서 생각해 보고자 한다.

1) 경영 레벨

여기서는 오너, 즉 경영자라는 발상으로 이야기를 추진하고 싶다. 그 이유로 패션 비즈니스가 자본과 경영의 분리시대로 들어가는 것은 그 특성으로 보다 앞으로 10년 쯤 후가 될 것 같은 생각이 들기 때문이다.

패션산업, 지식산업, 레저산업, 교양강좌 등 한 무리의 '심리적 산업'은 물질적 시대로부터의 탈피를 목표로 하여 지금 겨우 독자적으로 걷기 시작했기 때문이다.

개별적인 비즈니스는 대부분의 오너 겸 경영자의 개성에 따라 성립되고 있는 상황이며, 이것은 하나의 산업이 성장기의 중반에 이를 때까지 계속되는 것이 상식이다(표 6 참조).

말하자면 진짜 자본가는 성장기의 중반부터 침투기가 되지 않으면 일반적으로 새로운 산업에 본격적으로 투자를 하지 않는 것이다.

이와 같은 초기산업의 비즈니스 오너는 개인으로서 탁월한 경영 능력이 필요하다. 이것을 단순히 경영 레벨이라는 것으로 파악하면 전략·전술면에서는 물론이고 전투면에서도 탁월한 수준에 이를 것이 요구된다(표 7 참조).

〈표 6〉 산업발전의 프로세스
① 도입기
② 성장기
③ 침투기
④ 쇠퇴기
⑤ 멸망기
※ 패션산업은 현재 도입기를 지나, 성장기의 초기에 이르고 있다.

〈표 7〉 경영 레벨
① 전략 레벨 → 셰어작전 지향이 가능한 레벨(큰 재벌적 체질 필요)
② 전술 레벨 → 테리토리작전 지향이 가능한 레벨(조직적 체질이 필요)
③ 전투 레벨 → 심리작전(일하려는 의욕 작전)을 지향할 수 있는 레벨(카리스마적 체질이 필요)
※ 지금의 패션 비즈니스는 ③의 전투 레벨의 단계에 있다.

더구나 그것만 가지고는 기업을 전술 레벨까지 확대하여 끌어올릴 수가 없다. 전술 레벨에 필요한 조직적 능력과 그 운영능력도 갖추지 않으면 안되는 것이다.

지난 날 '메리야스 상점과 종기는 커지면 터진다'고 일컬어져 왔는데, 지금은 '패션 가게와 종기는 커지면 터진다'는 말을 듣고 있다. 그 이유는 카리스마적 체질이 절대 필요한 조건이고 경영자에게 필요한 능력이지만, 그것만으로는 다음 단계 이를테면 조직적인 활동이 불가능하다는 것을 나타내고 있다.

이와 같이 지금의 패션 비즈니스 오너의 조건은,

① 전투에 절대적으로 강하며,

② 전술에도 뛰어나야 한다

고 하는 경영 레벨에 그 능력이 도달해 있지 않으면 안된다.

2) 패션 레벨

　패션 비즈니스의 오너 경영자는 패션 레벨도 어느 단계에 도달해 있지 않으면 안된다.

　처음에 말한 것처럼 패션은 에스컬레이트(단계적 확대) 하는 것이다. 이것과 경영 레벨의 카리스마적인 능력의 필요성을 합쳐 생각하면 지금의 단계에서 '패션을 안다, 모른다'는 것은 별도로 하고 패션 레벨이 중요한 포인트가 된다.

　표 8에서 표 13까지는 패션 레벨의 변천과정을 내나름대로 정리한 것이다. 진짜 패션 레벨은 여기에 기록한 것처럼 단순한 단층의 것이 아니라, 어느쪽이냐 하면 복층(復層)의 것이지만 이해하기 쉽게 하기 위해 단층(單層) 레벨로서 설정하였다.

〈표 8〉 우선 지향에 따른
　　　　패션 레벨

```
① 태도 우선
② 환경 우선 → ◎
③ 개성 우선 → ○
④ 진짜 물건 우선
```

〈표 9〉 결정조건에 따른
　　　　패션 레벨

```
① 센스
② 필링 → ◎
③ 인텔리젠스 → ○
④ 내추럴
```

〈표 10〉 환경과의 관계에
　　　　 따른 패션 레벨

```
① 돋보이고 싶다
② 녹아 들어가고 싶다 → ◎
③ 녹아 들어오게 하고 싶다
   → ○
④ 녹아 든다
```

　표 중 이중 공(◎)은 지금 일본의 일반적인 패션 레벨을 나타내며, 공표(○)는 일부 선각자들의 패션 레벨을 나타냈다.

〈표 11〉 지적 레벨에 따른
패션 레벨

① 지식
② 경험 → ◎
③ 지혜 → ○
④ 교양

〈표 12〉 그레이드에 따른
패션 레벨

① 매스
② 매스 패션(스타일 패션)
→ ◉
③ 하이 패션 → ◎
④ 모드 패션 → ○
⑤ 내추럴 패션

〈표 13〉 욕망의 향상에 따른
패션 레벨

① 생존
② 안정
③ 사회인(평균적인) → ◎
④ 자아 → ○
⑤ 자기 현실

　패션 오너로서는 표 중 공이 하나의 수준에는 이르지 않으면
안된다는 것이 나의 주장이다.
　왜냐하면 레벨이라는 것은 이해할 수 있는 수준을 말하기 때문
이다. '이해하지 못해도 좋다. 이해할 수 있으면 맡길 수 있다.
판단할 수 있다. 거기서 전진할 수가 있다'고 하는 것이 리더의
조건이지만, 이 리더의 조건에서 생각해 보면 내 말을 이해할
수 있으리라 생각한다.
　① 개성 우선
　② 인텔리젠스
　③ 녹아 들어가게 하고 싶다

④ 지혜

⑤ 모드 패션

⑥ 자아의 충족

······ 이것들이 일반적인 자기 생활 속에 정확히 정착해 있다면, 현재의 패션 오너로서는 최고이다.

4. 패션 비즈니스의 산업 사이클적인 특성

어떠한 산업도 이미 언급한 것처럼 ① 도입기에서 시작되어 ② 성장기 ③ 침투기 ④ 쇠퇴기 ⑤ 멸망기로 나아가게 된다. 그런데 그 초기의 단계, 이른바 도입기나 성장기의 초기에는 경쟁의 있고 없음은 별도로 하고 동업자가 거의 없는 것이 일반적인 예이다. 그런데 패션 산업은 아직 도입기가 끝나고 갓 성장기의 초기에 들어갔을 뿐인데도 완전히 많은 동업자와 경쟁자가 이미 나타나고 있다.

따라서 일반적으로 성장기에는 결코 도산 기업 같은 것은 나타나지 않지만, 패션 비즈니스계에서는 '나와서는 사라지고, 나와서는 사라지는' 일이 반복되고 있다.

이와 같은 패션 비즈니스의 특성을 충분히 이해해야 한다.

여기에는 이중구조를 필요로 하는 일본의 사회적 구조, 일본사람의 약삭빠른 재치, 라인로빙에 대한 일본인의 사고방식 등, 일본의 독특한 조건이 상당한 비중을 차지하고 있는 것으로 생각한다.

그런 만큼 일본의 패션 비즈니스에서 참다운 성공자가 되기란 상당히 어렵다.

패션 비즈니스를 지망하는 사람, 패션 오너가 되고자 하는 사람은 이와 같은 일본적인 특성을 충분히 인식하고 내가 이 장에서 말한 '오너의 조건'을 충분히 검토한 다음에 첫걸음을 내디뎌 주기를 바란다.

그것은 간단하고 쉬우며 누구나 할 수 있는 것이 아니다…… 라는 점을 잘 인식해 주기 바란다.

제 3 장 미적(美的) 만족을 목적으로
하는 생활 비즈니스

최근 패션 비즈니스 이론에 관심을 갖는 사람들이 내가 관계하고 있는 기업에 많아 오랜만에 패션계 서적을 두루 읽어 보았다.

'패션'이란 무엇인가를 새삼스럽게 파악하고 싶었기 때문이다.

그 결과 패션 비즈니스란 위험성이 높은 것이 아닌가 하는 생각을 갖게 되었다. 하이 패션 비즈니스 역시 견실하고 철저한 운영이 충분해야 가능하다는 생각이 들었다.

이 장에서는 내가 어째서 그런 기분이 들었는가에 대해서 언급하고자 한다.

1. 패션 비즈니스는 생활 비즈니스다

패션이라는 말을 복식(服飾)용어만으로 인식하는 것은 현재의 일반적인 상식으로 볼 때 잘못된 것으로 단정해도 좋을 것이다.

하마노(浜野安宏)씨처럼, '모든 상품은 패션 상품이 된다. 모든 산업은 패션 상품이 된다. 모든 비즈니스는 패션 비즈니스가 아니면 안된다'는 사고방식은 다소 지나친 감이 있지만, 그것은

① 유행이라는 현상과 ② 미적 추구라고 하는 인간의 욕망을 두 바퀴로 한 '생활현상' 그 자체라고 정의하는 것이 가장 옳은 것 같다.

따라서 패션화의 움직임은 본질적으로 부정할 수 없는 것이며 그것은 우선 의상 재료나 복식면에서 시작되었다고 해도, 식(食)·주(住)·레저 등 소비생활 전체를 포함시키는 것이 될 것이다.

실제로 과거 10수년간, 경영 컨설턴트로서 기업 지도의 제1선에 있었으므로 나는 패션하면 우선 마케팅의 커다란 변화를 생각하게 된다.

1950년대 후반, 일본의 마케팅은 디스카운트 마케팅에서 출발하였다. 이 시기에는 좋은 물건을 어떻게 값싸게 만들어 이를 소비자나 필요한 사람에게 알리는가가 마케팅의 커다란 과제였다.

그런데 1967년경, 기성복업계가 우선 이와 같은 마케팅 수법에서 앞이 막혀 버렸다. 이어 가전(家電), 자동차 업계가 디스카운트 마케팅 수법에서 앞이 막혀 버렸으며 지금은 음식업, 호텔업, 레저업 등에서도 디스카운트 마케팅적인 사고방식은 과거의 것이 되어 버렸다.

이와 같은 디스카운트 마케팅을 대신하여 화려하게 데뷔한 것이 토털 마케팅이다. 이것은 '기능성 만능'이나 '1점 호화시대'와 작별하고 '조화'와 '코디네이트'를 마케팅의 주요 명제로 해왔다. 그리하여 이 새로운 마케팅 수법은 복식업계를 출발점으로 했지만, 마케팅에서 기업의 업태간, 업종간 의식의 차이를 급속히 단축시켜 버렸다. 예를 들면 소비자 의식을 가장 잘 반영하는 소매점에서 이제까지의 품목별 매장 일변도에서 목적별, 환경별 매장 조성을 꾀하는 등, 이 토털 마케팅 수법이 소비자 업계에

일대 혁명을 안겨다 주었다.

그리하여 줄곧 그 기수 역할을 한 것이 패션이었다고 해도 좋을 것이다.

반 재킷이 홈 패션점의 '오렌지 하우스'를 만들었으며, 방울가게가 패션 고디네이트 쇼핑 플라자로서의 '벨코몬즈'를 발족시킨 것이 그러한 하나의 표현이라고 할 수 있을 것이다.

그러나 이 복식 패션에 의해 선도되어 온 소비재 업계는 얼마 후 환경 패션시대, 리빙 생활공간 우선시대로 돌입해 버렸던 것이다.

이것은 패션에 대한 우선지향이 ① 태도우선(態度優先)보다, ② 환경우선의 시대로 들어갔음을 의미하고 있으며, 이것을 보더라도 패션이라는 것은 복식(服飾) 중심이라는 그러한 좁은 뜻이 아니라는 것을 알 수가 있다.

1975년 9월 19일, 세이부(西武) 백화점의 이케부크로(池袋) 본점이 대규모의 증축을 끝내고 신장 오픈하였다. 이 가게는 지금까지의 백화점의 상식을 타파한 새로운 형태의 백화점으로서 업계의 화제가 되었는데 나는 이것이야말로 '앞으로의 백화점'이라고 높이 평가하고 있다.

① 상품을 팔기보다 생활을 파는 것을 주안점으로 한 백화점이다.

② 유행과 미적 욕망의 리더적인 요소와 손님에게 밀착된 요소를 멋지게 구분하여 패션의 양면성을 표현하고 있다.

③ 환경우선 지향, 주거(住居)공간 우선 지향이 처음으로 확실히 나타난 백화점이다.

나는 이 세이부 이케부크로 본점의 5층 복도에서 특히 새로운 패션의 존재 양식을 발견하였다.

'가정생활의 중심은 주방에 있다'라는 감각으로 정리된 '27

하우스'를 중심으로 하는 '오 마이 다이닝(주방)'이나 부엌상품이
라면 무엇이든지 갖추어 놓은 '키친 하우스 꾸르메(gourmet)'
등은 완전한 콘셉트 숍이며, 여기서는 여성용 기성복 매장에서
하고 있는 것보다 더 철저하게 리빙 매장으로 가지고 들어왔다고
할 수 있다.

그 후 이 세이부 이케부크로 백화점의 발전은 상당히 빠른
편인 것 같다. 이와 동시에 패션업계나 소매업계에 커다란 영향
을 주고 있다.

그 중에서 최고는 '패션이란 보기가 좋은 것과 아름다움을
추구하는 생활 현상 그 자체이며 전체적인 종합과 같은 것'이란
점을 느꼈을 것이다. 따라서 패션 비즈니스란 생활 비즈니스인
것이다.

그런데 그 '모양이 좋은 것'이 '유행이라는 현상'이라는 말로
바꾸어 놓을 수 있는 경우가 패션일 것이다

미야모토(富本悅也)씨는 '인간의 일생보다도 짧고 또한 느낄
수 있는 현상을 유행이라 부르며, 인간의 일생보다 길고, 그 변화
를 지각하기 어려운 현상을 관습이라 부른다'고 말했으며, 코코
샤넬은 '패션이란 모양이 좋은 것을 흉내내는 데서 탄생한다'
고 말하였다.

심리학적으로는 '유행이란 많은 사람들이 일정 기간 일제히
말려드는 집단 행위이고 그것은 변화라는 집단현상이라고도
할 수 있다'는 것이 된다.

2. 패션의 원점(原点)은 미적 추구의 마음이다

패션에서는 모양이 좋거나 유행도 중요하지만 그 이상으로
중요한 것은 '아름다움'이다. 나는 '패션이란 미적인 만족을 얻는

일'이라고 흔히 말하지만, 패션을 말할 때 원점으로 '미적인 것을 추구하는 마음'을 결코 무시할 수가 없다.

나는 상경하면, 언제나 다카와(高輪) 프린스호텔에 숙소를 정한다. '어째서 좀더 편리한 도심지의 호텔에 묵지 않는 것입니까?' 하는 말을 흔히 듣는데, 도내(都內)의 모든 호텔에 투숙해 본 후, 다카와 프린스 호텔에서 언제나 투숙해야겠다고 결정해 버렸다.

이유는 ① 여유가 있게 자연이 남아 있는 정원이 있는 점, ② 호텔 전체에 주변의 경치나 환경까지를 포함하여 나이 감촉에 딱 맞는 아름다움과 여유가 있는 점, ③ 내게 있어서 적당한 인적 서비스를 받을 수 있는 것——등인데, 요는 '자신의 기호에 딱 맞는다'는 점이 가장 큰 이유이다. 그것은 '아름다움'과 '여유'라는 그 점에 집약된다고 생각된다. 그 증거로 나는 정월(12월 말일부터 정월의 3일간)이나 여름 휴가시에는 상경하여도 다카와 프린스 호텔에는 투숙하고 싶지 않다. 정월에는 일본식 정월용의 차려입은 옷이 이 호텔의 아름다움을 파괴하고, 어린이들의 떠드는 소리가 '여유'를 날려 버린다. 여름 휴가에도 가족들과 함께 투숙한 손님이 이 호텔의 아름다움과 여유를 철저하게 파괴해 버린다.

이 '아름다움'과 '여유'에 대한 욕구는 경험이나 지식, 생활환경에 따라 변화한다. 그러나 계속해서 그 시점에서의 자기 수준으로 봐서 추구할 수 있는 최선을 요구하게 된다. 앞으로의 일본처럼 패션 레벨이 향상하면 했지, 떨어질 가능성이 거의 없는 데서는 추구심이 발전의 길을 더듬어 올라 갈 것이다.

'아름다움'이란 도대체 무엇일까. 그것은 '아름답게 조화하는 일'이라는 것이 나의 주장이다

하나의 예를 들어 설명해 보자.

　최근 유행하고 있는 스낵이나 퍼브, 이곳에 어째서 중년인
사람들은 가지 않는 것일까? 대답은 간단하다. 스낵이나 퍼브에
서 젊은 사람들이 마시며 대화를 나누고 있는 상황은 그림이
될 수 있을 정도로 멋있고 아름답게 조화를 이루고 있다. 나 역시
도 중년 사나이이지만 그곳에는 위화감을 가지고 있으며 그 뿐만
이 아니라 퍼브나 스낵 전체의 분위기를 파괴해 버리는 것처럼
느끼는 것이다.

　극히 최근의 일이었다. 어느 백화점의 경영자가 '어째서 백화
점에는 여성이 많이 오지만 남성들은 잘 오지 않는 것일까요?'
하고 말했으므로, '당신의 부인이나 장성한 딸들은 아무렇지도
않게 빠찡고(슬롯머신) 집에 출입합니까?' 하고 되물어 보았다.

　그 경영자는 화를 내며 '슬롯 머신 집과 백화점을 함께 보면
곤란해' 하고 말했지만, 대부분의 여성이 빠찡고를 해보고 싶다
고 생각하면서도 그런 곳에는 쉽게 들어가지 못하는 것이다.
이와 마찬가지로 태반의 남성은 쇼핑을 천천히 즐기고 싶다고
생각하면서도 쉽게 백화점에는 들어가지 못한다.

　이유는 다 같이 '아름답게 조화하지 못하기' 때문이라고 할
수 있을 것이다. '남성이 손님이 되더라도 딱 조화할 수 있는
매장을 만든다면' 하고 그 백화점의 경영자에게 의견을 말해
두었지만, '아름다움'이란 이렇듯 행동을 크게 결정하는 것이다.

　'아름답게 조화한다'는 것을 일본어로는 '그림이 된다'는 말로
부른다. 아름다움이란 본질적 · 실물적(實物的)인 것인 모양이라
는 것을 최근에 이해하게 되었다.

　어떻든, 이와 같이 중요한 '아름다움을 추구하는 마음'이 패션
의 양 바퀴의 하나로서 매우 중요하다는 것을 이해해야 할 것이
다.

3. FIT형 물건 만들기에 대한 의문

뉴욕의 패션 공과대학(FIT)은 세계의 패션 리더를 많이 배출시킨 유명한 대학이다.

FIT의 패션에 대한 사고방식은 '패션이란 일반 대중들이 받아들인 것이다'라고 하는 것이 기본으로 되어 있다.

'따라서 패션은 소비자로 부터 시작되어야 하는데, 소비자에게는 패션을 이끌고 나갈 만한 힘이 없다. 알기 쉽게 말하면, 패션 리더가 대중이라는 말을 해봤자, 대중이 리드하는 방법은 주어진 것을 받아들이든가 거부하는 이자택일(二者擇一)의 행위로 밖에 표현할 수 없다. 그래서 패션의 전문가가 소비자의 뜻을 받아들여 상품기획을 하고 생산을 리드해 나가지 않으면 안된다'라는 것이 FIT의 기본적이 생각인 것 같다.

이와 같은 생각에 따라서 FIT는 하나의 시스템을 만들어 냈다. 특히 그 특질은 전문직의 확립에 있다. 전문직이므로 분업체제가 확립되어 있다.

이번에는 대표적인 의상 재료품을 만드는 전문직의 업무내용을 순서에 따라 설명해 보고자 한다.

① 스타일리스트＝유행에 맞는 스타일 요소로 발상(發想)을 정리하는 일을 하는 사람.

② 디자이너＝새로운 이미지를 창조하는 일에 전념하는 일, 예를 들면 스타일리스트가 발상한 것을 기초로 새로운 이미지를 만들어 낸다.

③ 어시스턴트 디자이너＝디자이너가 만들어 낸 새로운 이미지를 샘플의 모양으로 만드는 일을 전문으로 하는 사람. 이른바 패턴을 만들어 내는 사람.

④ 패턴 메이커＝어시스턴트 디자이너가 만들어 낸 입체 제단에 의한 디자인 패턴을 공장용 패턴으로 다시 만들어 놓는 사람.

⑤ 그레이더＝패턴 메이커가 만들어 낸 일정한 패턴에서 각종 사이즈의 것을 만들어 내는 사람.

⑥ 마카(marker)＝그레이딩(grading)이 된 사이즈별 패턴에서 가장 경제적인 효율이 좋은 표본을 결정 발견하는 사람.

⑦ 패션 코디네이터＝자기 회사의 상품을 소비자나 단골 거래처에 대해 매력있는 것으로 설득하는 세일즈 프로모션 면에서 비중이 높은 사람.

⑧ 컬러리스트＝색깔의 전문가.

⑨ 일러스트레이터＝일러스트를 스케치 하는 전문가.

(컬러리스트나 일러스트레이터는 참모로서 팔리는 상품 조성을 측면적으로 지원한다)

이 FIT 방식에서는 디자이너, 어시스턴트 디자이너,패턴 메이커, 그레이더, 마카와 같은 손을 거쳐 만들어진 제품을 보고 비로소 세일즈맨이나 세일즈 매니저가 의견을 제시할 수 있게 된다.

소비자(대중)의 레벨이 향상된 지금, 이와 같은 방식은 매우 위험하게 된다는 것을 이전부터 나는 말해 왔는데, 아무래도 미국에서도 FIT 방식이 만능일 수는 없는 것 같다. 단지 미국의 패션 역사와 환경이 만들어 낸 이 FIT 방식은 하나의 훌륭한 소프트웨어 시스템으로서 앞으로도 높이 평가하지 않으면 안될 것이다.

일본의 패션 비즈니스는 겨우 10년 전 부터 무작정한 단계에서 스타트하였다.

그리하여 그것은 기성복의 단계에서는 ① FIT 방식 숭배형과 ② 일본식 단(短)사이클 돌격형으로 2분(分)되어 발전해 왔다. 기본적으로 대형 브랜드 메이커는 FIT 방식 숭배형이었으며, 맨션 메이커는 일본식 단사이클 돌격형이었다.

그리고 지금은 아무래도 이 양자가 일체화되는 과정에 있다. 그렇다기 보다는 이 양자가 일체화 하지 않으면 ①의 FIT 방식으로는 목적에서 빗나간 손실이 많아 도저히 어떻게도 할 수 없으며 ②의 맨션 메이커형에서도 도대체 안정이 되지 않아 기업화의 불가능이 확실하기 때문이다. FIT방식이 어째서 목적에서 빗나가는 일이 많은가. 그것은 '바로 전문가'의 현상이 있는 결과때문이다.

패션 디자이너라고 하는 사람들의 이상한 풍체를 보게 되면, 이 대답은 일목요연할 것이다. 전문가일수록 대중 속으로 들어가야 하는 데도 대중과 떨어져 '바보'로 운명지어진 것이 전문가 확립, 분업체제 확립에 있어서의 심리학적 측면(결점)이다. 대중의 수준이 향상되었을 때, 이와 같은 시스템은 붕괴되지 않을 수 없다.

어패럴(지성복)업계 이외의 사람도 참고적으로 이 점을 명심해야 할 것이다.

4. 생활 비즈니스에는 위험이 적다

쌀을 만든다는 것은 생활 비즈니스이다. 전력회사도 생활 비즈니스이다. 이들 비즈니스에는 산업으로나 기업으로서도 거의 위험이 없다.

패션이 이제 도리없이 생활현상으로 파악하지 않으면 안될 시대로 들어가고 있다는 것은 이미 말한 바 있다.

유행이나 미적 욕망이라는 두 바퀴를 여기서 다시 한 번 생각해 보기로 한다.

　　패션 비즈니스는 유행을 만들지 않으면 안된다…… 라는 생각이 패션계에 있었다. 그러나 그것은 소비자 수준의 향상과 개성화, 다양화의 풍조, 태도 우선에서 환경우선 그리고 개성우선으로 변화하는 지향성의 향상에 의해 급속히 불필요하게 되어 가고 있다. FIT 방식이 아슬아슬하게 되어 가고 있는 것이 무엇보다도 이를 나타내고 있다. 유행에 좌우되지 않는 패션 비즈니스 시대가 앞으로 시작될 것 같다.

　　패션이 복식(服飾) 주체보다는 주거(住居)나 환경 주체로 변화하고 있는 것이 이미 이와 같은 현상을 나타낸 것이고 주거나 환경은 그렇게 간단히 바꾸어지는 것이 아니다.

　　예를 들면, 나의 집에서는 양복보다 기모노(일본 재래의 의상)가 절대적으로 잘 어울리며, 다카와(高輪) 프린스 호텔에서는 기모노 보다 양복 쪽이 잘 어울린다.

　　다음은 미적 욕망인데 이는 이미 언급한 것처럼 본질적인 것이다. 규칙화가 가능하며, 어떻게 변화할 것인가를 충분히 추정할 수 있다.

　　이렇게 생각하면 앞으로의 패션 비즈니는 미적 만족을 목적으로 한 생활 비즈니스인 만큼 위험성이 없는 것 같은 기분이 든다.

　　이런 경우의 중요 포인트는 대상을 생각하고 대상이 사람이라면 그 사람과 함께 계획하여 만드는 일일 것이다. 그 대상이 그룹이라면 그룹의 평균인과 함께 생각하고 생산하는 일일 것이다.

　　발상의 원점을 대상 속으로 파고 든다. 그리하여 기업으로서의 방향 설정, 상품 계획의 방향을 결정한다…… 이른바, '발상 아마추어, 실천 프로'에 패션 비즈니스의 안정성이 있는 것 같다.

5. 최근의 세상은 위험을 용서하지 않는다

대량생산, 대량판매는 분명히 앞길이 막혀 버렸다. 일본경제신문은 1975년 12월에 연재한 '발전하는 소비혁명'의 끝에서 다음과 같이 종합정리하였다. "이러한 소비자가 주류가 되려 하고 있는 지금, 기업도 또한 이와 같은 구조적 변혁에 대응해 나가지 않으면 안된다. 예를 들면, 지금까지와 같이 매스로서의 상품생산만 가지고는 불충분하고 오히려 소비의 주류를 파악한 상품개발이 중요해질 것이다.

그런데도 필요한 조직이나 노하우도 나아가서는 기업으로서의 자세 역시 아직 이루어지지 않은 것 같다. 대량생산, 대량소비 시대의 수법을 가지고는 새로운 시대를 극복해 나갈 수 있을 것 같지 않다. 우선 그러한 주변을 확실히 파악하는 일—여기서부터 질적인 소비혁명에 대한 대응이 시작될 것이다.'라고.

어떻든 위험한 것을 즐기고 있는 여유란 국가에도 기업에도 없다. 소비자의 선택 안목도 날카로와졌으며, 생활에 맞추어서만 물건을 사게 된 것이다.

여기에 생활 비즈니스로서의 패션 비즈니스의 방향이 열릴 것 같은 생각이 든다.

제 4 장 패션 비즈니스의 기반 조성

─세어 전략, 독과점 전략의 무리한 패션 비즈니스

패션 비즈니스론을 전개하면서 제1장에서는 '패션은 패션맨에게 맡기자'라는 것을 말했다.

이어 제2장에서는 '패션 오너의 조건'에 대해서 자세히 설명하였다.

또한 제3장에서는 '패션 비즈니스는 미적 만족을 목적으로 한 생활 비즈니스'라는 것으로, 패션 비즈니스의 비즈니스적 특성을 규격화 하여 해설하였다.

여기에서는 지금까지의 것을 정리하는 의미에서 경영전략상, 패션 비즈니스를 어떻게 파악해야 하는가에 대해 말해 보고자 한다.

경영에는 여러가지 룰(규격)이 있다. 패션 비즈니스를 어떻게 생각하는 것이 좋은가는 이미 알고 있으리라 생각하지만 그것을 실재로 경영할 경우, 경영전략상의 파악 방법, 기반 조성을 알고 있지 않으면 규격을 만드는 방법과 응용 방식을 알 수 없다고 생각한다.

그러한 의미에서 본 장을 읽어 주기 바란다.

1. 비즈니스의 발전 프로세스

일반적으로 비즈니스에도 사람의 일생과 마찬가지로 발전

(성장)의 프로세스가 있다. 여기서는 패션 비즈니스와 관계되는 것에 대해서 설명하기로 했다.

1) 심리전략시대 → 테리터리전략시대 → 셰어전략시대

어떠한 비즈니스든 창업 당시에는 매우 호조를 이룬다. 가능성이 있으므로 창업을 한 것이기 때문에 호조인 것이 당연하다고 할는지도 모르지만, 반드시 그렇기 때문인 것만은 아닌 것 같다.

나처럼 경영 컨설턴트를 15년이나 하고 보면, 회사를 재건하는 비결을 자연적으로 체득하게 된다. 나의 친구중에도 잘하는 사람이 많이 있다. 이러한 사람이나 저명한 회사 재건의 명인 이야기를 들으면, '회사를 재건하는데 2가지 룰을 지키면 된다. 하나는 지출을 통제하고 수입을 늘리는 일이며, 나머지 하나는 종업원의 애사심을 불러일으켜 주는 일이다'라는 결론이 된다. 생각해 보면 나 역시도 과거 15년 동안에 수십개나 되는 회사를 파산 상태에서 구해 냈지만, 대답은 확실히 앞서 말한 2가지 밖에 없었던 것 같이 생각된다.

중소기업의 경우, 애사심이란 애사장심(愛社長心)인 일이 많지만 어떻든 어떤 식으로 종업원의 애사심을 불러일으키는가가 회사 재건의 원리이며 좋은 업적의 원점이 된다.

창업시 어떤 기업이든 잘 달려나가는 것은 아마 전종업원이 애사심의 덩어리이기 때문일 것이다.

'경영 상태가 악화된 경우 원점으로 돌아가면 된다'는 경영상의 규칙을 바꾸어 말하면 원점 지향=애사심의 발굴이라는 점에서 효과가 있는 것 같다.

이같이 전종업원이 애사심으로 넘쳐 한 덩어리가 되어 일하는 시대를 '심리전략시대'라 말하고 있다 이른바 심리적인 긴장·목표·프라이드·일하려는 의욕·희망과 같은 것이 그 에너지의 원천이며 그 결과 매출이 신장되어 성장해 가는 시대이기 때문이다

그런데 인간이란 그렇듯 장시간 동안 일하려는 의욕이 지속되는 것이 아니다. 그런데도 기업 자체는 크지 않으면 안된다면서 '확대'를 원하는 특성이 있다. 이에 부응하기 위해서는 다음 시대에서 살아가는 방법을 강구하지 않으면 안된다. 그것이 이른바 테리터리(territory)전략이라고 하는 것이다.

'테리터리 전략'이라는 것은 지역제패(地域制覇)전략을 말하며, 심리전략으로 어느 정도의 매상액에 달하고 더구나 기업 체력이 충실해지면 이번에는 자신의 힘으로 하나의 지역에서 완전히 첫째가 되자, 그리하여 육체적 여유를 가지고, 기업의 안정을 유지하는 전략을 말한다.

(심리전략시대는 남의 2배 혹은 3배나 머리와 몸을 사용하지 않으면 안된다. 테리터리전략시대가 되면, 머리는 남의 2배, 3배를 써먹지 않으면 안되지만, 몸은 편해진다. 또한 다음에 말하는 셰어전략시대에는 머리나 몸이 남의 정도면 된다. 그래도 업적은 확대 기조를 유지해 나가는 것이다).

마케팅의 기본 룰에 '힘에 걸맞게 첫째가 될 수 있는 지역과 손님과 취급상품을 찾는 일이 마케팅의 사명이다'는 것이 있는데, 첫째가 되는 것이 가장 편한 방법이다. '첫째라면 5의 노력으로 올라가는 성과가, 두번째일 때는 10의 노력으로도 그 성과를 올릴 수 없다'는 것이 경영의 상식이며, '첫째와 둘째의 차이는 둘째와 백번째의 차이보다 크다'는 것이 세상의 상식이기도 하다. 따라서 테리터리 전략시대라는 것은 이 첫번째가 될 수 있는 지역을 만들어 내고 다음 셰어전략시대에의 비약을 준비하는

〈표 14〉 셰어 원칙

존재셰어	7%
영향셰어	11%
톱셰어	26%
상대셰어	42%
절대셰어	74%

시대라고 할 수 있다.

다음은 셰어전략에 대해서 설명하고자 한다. 나의 저서인《승자(勝者)의 조건》에서 자세하게 설명했지만, 셰어(Share : 시장점유율) 원칙이라는 것이 있다(표 14 참조). 요점만을 설명하면, 첫째가 첫째로서의 이익을 얻을 수 있는 것은 셰어가 26% 이상일 때이다……(톱 셰어 26%), 하나의 업계에서 상위 2~3 회사에서 셰어 경쟁을 하고 있을 때, 톱이 42%를 넘게 되면 그 톱기업은 그 후 타사와의 차이가 상당히 크게 된다…… 이른바 42%를 넘게 되면 우선 경쟁상대에게 이긴 것과 같은 것……(상대 셰어 42%). 첫째의 기업이 74%의 셰어를 차지하게 되면 이제는 절대로 안전하다……(절대 셰어 74%).

이와 같이 과거의 셰어에 대해서의 여러 현상을 규격화 한 것이 셰어 원칙인데, 이는 물론 절대적인 것은 아니다. 일반적이라는 조건부로 이 셰어 원칙을 이해해 주기 바란다.

그럼, 본론으로 돌아가자. 테리터리전략으로 지역에서 첫째가 된다고 하여도 그것이 절대로 안전하다는 이야기는 아니며, 때에 따라서는 첫째라는 이익을 누릴 수 없는 경우도 있다. 따라서 테리터리전략으로 성장된 기업은 누구나 보다 더 안전하고 편한 상태에 자신을 놓아두고자 생각한다. 이것이 셰어전략이며, 그러한 방법을 강구하는 것은 테리터리전략에서의 승자에 한정된

다. 이들의 수법에 대해서는 나의 저서 《승자의 조건》을 참조해
주기 바란다.

2) 마구잡이 상법 ⟨ 암시상법 ⟷ 독과점상법
　　　　　　　　　 편법상법 ┘

　비즈니스의 발전 프로세스를 약간 견해를 바꾸어 장사하는
방법(상법 : 商法)이라는 점에서 파악해 보자.

　우선 초창기의 상법은 거의 모두, 마구잡이 상법일 것이다.
계획도 거의 없다. 어디에 어떤 식으로 파는게 좋은지도 모른
다. ……라는 것이 태반일 것이다. 그리고 마구잡이가 버티고
있는 동안에 구입처 문제, 동업자 문제, 고객 문제 등을 알게 되며
장사의 비결을 파악하게 된다.

　머리가 좋고 의식적으로 장사의 비결을 파악한 사람은 단기간
에 이 마구잡이 상법에서 벗어날 수가 있다.

　한편 마구잡이 상법으로 아무리 크게 돈을 벌어도 그것으로
안심한 사람 혹은 장사의 비결을 파악하지 못한 사람은 그대로
사라져 버리고 만다. '나쁜 돈은 몸에 붙지 않는다'고 하는데,
어설피 노력함이 없이 벌었기 때문에 세상을 얕잡아 보게 되어
몸을 망친 사람이 얼마나 많은가?

　그런데 마구잡이 상법에서 벗어난 사람이 우선 착수하는 것은
친지중심의 상법이다.　친지들을 상대로 하는 것이다.

　알고 있는 사람, 자기에게 친절히 힘을 빌려 준 사람을 소중
하게 하고 싶다…… 라고 하는 특성을 알게 되고 그리고 그 이용
법을 알게 되면 사람은 마구잡이 상법에서 벗어날 수가 있다.
고정고객 상법, 연고상법이 다시 말해서 친지 상법이다.

　이것은 확대를 생각하지 않는 사람에게는 안정을 의미한

다. 알기 쉽게 표현하면 이제 확대하고 싶지 않다는 경영자는 연고 상법이나 고정고객 상법을 가지고 마음 편하게 안정한 상태에서 지내면 된다.

그런데, 이미 말한 것처럼 기업은 그 자신이 확대를 필요로 하는 기본적인 체질을 지니고 있다. 그야말로 강하고 굳은 의지의 경영자라면 기업을 발전시키지 않는 정책은 취하지 않을 것이며, 또한 그렇지 않으면 기업이 아니다.

그렇다면 기업가로서의 경영자는 친분있는 사람만을 의지하는 장사 다음에 도대체 어떠한 상법을 택할 것인가? 그것은 암시(暗示)상법이라 말할 수 있다.

'암시상법'이라는 것은 고정고객 상법을 조직적으로 확대하는 상법이라고도 할 수 있을 것이다. 믿는 신자(信者)를 만들고 신자를 통해서 새로운 신자를 향해 전파력을 넓히고 확대해 가는 것이 암시상법의 하나의 재미있는 요소이다.

'전문점은 값이 비싸다. 그러나 슈퍼는 값이 싸면서도 품질은 좋다' ……라는 것과 같이 모든 사람이 믿어버리면, 이제 암시상법은 확대가 중단되지만, 하나의 기업체를 선정하고 모든 사람들에게 동일의지의 신앙을 심어준다는 것은 보통 일이 아니다.

암시상법은 손님에게 암시해 줄 뿐만 아니라 스스로 혹은 자기 회사의 종업원에 대해서까지 암시를 건다. 따라서 암시의 방향이 고급 지향이나 품질 지향인 경우 공급도 어쩔 수 없이 고급화, 고품질화 하게 된다.

인간이라는 것은 동화(同化)의 동물이다. 성공하려고 생각하면 성공자와 함께 있으면 된다. '붉은 것과 사귀게 되면 빨갛게 된다'고 하지만, 사귀는 사람을 보면, 그 사람의 가치를 알 수가 있다. '높은 스승일수록 정도가 나쁜 제자는 가지려 하지 않는다'라는 격언이 있다. 자신과 지나치게 차이가 있는 사람하고는 친히 사귀려 하지 않는 것이 인간의 특성이기도 하다.

여기에 암시상법의 한계가 있으며, 기업의 취급 상품이 대중성인 경우, 암시상품은 무서운 위력을 발휘한다.

그런데 이 암시상법의 결점은 암시를 주는 주체(암시자)에게 실패가 허용되지 않는다는 점이다. 객체(客體)인 피암시자에게 있어서 암시자는 절대적인 존재이다. 절대적인 존재는 실패가 없으며 성공을 보다 새롭게 쌓아 올리지 않으면 유지될 수가 없다.

어떠한 사람이거나 혹은 기업도, 그것이 인간에 의해 운영되는 것인 이상, 실패는 따르기 마련이다. 100% 성공이 연속되었어도 더하여 그것을 더 계속시켜 나간다는 것은 매우 어려운 일이다. …… 라는 것을 알게 되면, 암시상법이라는 것은 대단히 엄숙한 상법이란 것을 알 수가 있다.

경영의 귀신이라는 말을 들었던 대사장이나 선생들도, 한 번 실패하게 되면, 주변으로부터 얼마나 얻어맞는가…… 라는 이 한 가지만 가지고도 이것은 알 수가 있을 것이다.

'돛을 높게 올려야 배는 달리며, 사람도 와주는 것이다. 그렇다면, 암시상법으로부터 한시라도 빨리 벗어나야겠다고 생각하는 것이 우수한 경영자라면 또한 당연한 일이다. 그 결과, 모든 사람에게 당면되는 것이 독과점 상법이다.

독과점의 장사 방법이란 어느 정도 이상의 셰어(시장점유율)를 확보하고 있고, 업계에서의 안정적인 지위를 차지하면서 장사하는 것을 가리킨다. 손해를 보는 경쟁, 부질없는 경쟁은 없는 것이 좋은것처럼, 계속 새로운 성공을 쌓아올리지 않아도, 때로는 실패를 하여도 고객이 안정적으로 확보되는 장사방법을 말한다.

이상으로 대충 상법의 발전 프로세스에 대해 설명했지만, 다짐하기 위해 추가해 두면, 마구잡이 상법에서 암시상법으로 즉각 나갈 수 있는 유능한 사람이 때로는 있다는 것이다. 자기를 돌봐 주는 상법의 단계를 뛰어넘는 셈인데, 여기에는 나름대로 좋은 점과 나쁜 점이 있다. 연고라든가 단골손님의 중요함을 잊어버려 의외로 실패하는 일이 많다. 그렇지만 성장에 이르는 지름길임에는 틀림이 없다. 이것은 고등학교를 중퇴하고 검정고시를 통해 대학에 진학하느냐, 졸업하고 대학입학에 실패하면 재수한 뒤 다시 진학하느냐와 같은 것이다. 당사자라든가 기업체의 체질, 환경에 따라 그 좋고 나쁨은 결정되는 것인 것 같다.

3) 전투레벨 → 전술레벨 → 전략레벨

경영레벨에 대해서는 앞에서도 조금 언급했지만, 이를 정리하면 표 15와 같이 된다.

〈표 15〉기업발전과 경영레벨

전투레벨	→	전술레벨	→	전략레벨
‖		‖		‖
개인능력	→	조직능력	→	그룹능력
‖		‖		‖
한사람의 우수한 톱		복수의 우수한 간부		많은 인재

기업은 역시 처음에는 전투레벨에서 발족해야 하는 것이며, 처음부터 전술이나 전략레벨에서 출발한 기업은 그렇게 쉽게일이 잘 되어 나가지 않는다.

대기업이 계열회사를 만들 때, 이 원칙을 잊어 버리면 수습할 수 없는 일이 생긴다. 인재가 있으면 전투나 전술레벨로 단시간안에 돌파할 수 있다고 하여 이 룰을 무시하게 되면, 경영은 결코 잘 되어 나가지 않는다고 할 수 있다.

그런데 전투레벨이란 것은 개인능력에 의해 경영을 추진해 나가는 것으로 그것은 우수한 톱의 능력자가 한사람 밖에 없는 기업이 아무래도 빠지게 되는 경영레벨을 말한다.

이런 경우, 한 사람의 능력에는 한계가 있으므로 기업의 커다란 비약은 바랄 수 없으며 아무래도 불안이 따르기 마련이다. 그 톱 경영자에게 만약의 일이 생기면 끝장이 나버린다. 종업원으로서도 불안하여 견딜 수가 없으며, 톱의 자리에 있는 사람도 어떻게 해서든지 전술레벨 쪽으로 탈피하려고 노력하게 되는 것이다.

객관적으로 볼 때, 전투레벨에서 전술레벨로 탈피할 수 있는가의 여부는 톱의 인간성에 달려 있다. 톱의 자리에 있는 사람이 남에게 맡길 수 있는 사람이라면, 그 기업은 전술레벨로 나아갈 수 있으며 그렇지 못한 사람이라면 언제까지고 전투레벨에 머물러 있게 된다. 학자나 경영 컨설턴트가 그다지 쉽게 경영자로서 성공하지 못하는 것은 남에게 맡길 수 없는 성격인 사람이 많기 때문이며, 자기의 견해 범위에서 벗어나지 못하기 때문이다. '기업체는 크게 성장할 것을 그 자체가 본질적으로 요구한다' ……라고 한다면 경영자는 역시 남에게 맡길 수 있는 인품이 아니면 안된다고 할 수 있다.

그런데 전술레벨은 조직 능력으로 기업을 경영할 수 있는 레벨이다. 톱이 맡길 수 있는 사람이며, 톱까지 포함하여 복수의 우수한 간부가 있으면 그 기업은 싫거나 말거나 조직적으로 움직이게 된다. 조직 능력을 매니지먼트 능력이라고도 하는데, 그것은 '조직의 결점을 상쇄하고 조직의 장점을 발휘하는 능력'을 말하며 이를 위해서는 집중과 분산을 자유롭게 행함으로써 효과를 발휘한다.

다만, 최근까지 경쟁이 심하지 않은 업계(시류적응 업계)가,

일본의 경우 일반적인 상식이었으므로 매니지먼트 능력을 앞의 설명처럼 판단하는 것이 아니라 '그것은 시스템화, 룰화(化), 메뉴얼화, 표준화 하는 능력'이라고 풀이하는 것이 상식적이었다. 그러나 이와 같은 능력은 전략레벨로 들어가서 완전히 안정된 곳이 아니면 통용되지 않는다는 것을 이해하기 바란다.'

이야기를 본론으로 돌리자. 전술레벨로 들어선 경영업체는 보다 확대되고 안정을 요구하게 된다. 왜냐하면, 조직 능력으로 움직이게 되었다고는 하지만 콘체른적인 움직임의 그룹 기업과 비교하면 톱 개인의 카리스마성으로 종업원을 이끌고 가지 않으면 안된다. 그러한 의미에서 역시 톱은 쉬지 않고 공부를 하고 발전해 나가지 않으면 안되며, 만일의 일이 생기면 기업의 뿌리가 흔들릴 수 있다. 한 예를 들어보자. 지금 1년 매상고가 50~500억엔 정도의 소매업은 200개사 정도가 있지만, 그 대부분은 만약 톱이 쓰러지면 위험하다고 한다. '중소기업은 톱의 카리스마성에 끌려 인재가 따라 온다. 대기업은 기업 자체의 신뢰성에 의해 인재가 모여 든다'는 원칙 그대로인 것이다.

그렇다면 전략레벨을 돌파하고 전술레벨로 들어가기 위해서는 어떠한 일이 필요할까. 전략 수준의 기업이라는 것은 톱이 세습제라 하더라도 손색없이 기업 활동을 할 수 있는 스케일의 기업을 두고 말한다. '국왕은 세습제이지만 수상이 세습제인 곳은 없다'라는 현실이 말해 주는 그런 단계에 이르러야 비로소 전략 수준이라 할 수가 있다.

전술 수준에 비해 그것은 많은 인재를 포용하고 있으며 그룹의 능력으로 움직여 나가는 기업이다. 전술레벨에서 전략레벨로 발전하려는 마쓰시다(松下)전기처럼 우수한 최고경영자가 있을 때 옮겨가든가, 국책에 따라 전략레벨로 옮겨가든가……그밖의 커다란 요소가 얽혀져 도달하게 되는 것이다.

2. 패션 비즈니스의 레벨은 톱 클라스에서도 심리전 략, 암시상법, 전술레벨에 달려 있다

그런데 여기서 방향을 바꾸어 눈을 패션 비즈니스에 향하도록 해보라. 그리하여 앞에서 언급한 비즈니스의 성장 프로세스 상에서 어디에 위치하는가를 생각해 보자.

우선 전략시대라는 점에서 말하면, 아직 심리전략시대에서 한걸음도 발전하지 못한 것처럼 보인다.

소비자의 생각을 완전히 예측하지 못하는 한, 그 생업적(生業的) 체질과 경쟁적 체질은 패션 비즈니스에서 테리터리 전략시대를 맞이하도록 하기가 상당히 어려운 것이 아닐까.

다음에 장사하는 방법에서 보면, 간신히 암시상법에 톱 클라스가 막 도달한 시점일 것이다. 그렇지만 가까운 장래에 다소 독과점상법에 이르는 패션 비즈니스가 나올 것 같이 생각된다. 그러기 위해서는 안정된 거래처의 확보가 지금 아무래도 필요할 것이다.

세번째로, 경영레벨에서 말하면, 비로소 일부가 전술레벨에 도달했다고 할 수 있을 것이다. 단지 전략레벨에의 도달은 패션 비즈니스에서 마치 꿈을 주는 것과 같은 것이라 말하고 싶다. 패션 비즈니스의 본질은 개성화 → 실물화의 길을 거쳐간다고 할 때, 그것이 전략레벨에 도달할 가능성은 거의 1%도 생각할 수가 없다.

만일 전략레벨 그룹이 패션 비즈니스에 착수한다면, 지금 단계에서는 패션 비즈니스만을 전술레벨의 단계에 머물게 해두지 않으면 안될 것이다.

그러나 현재 전술레벨에 있는 패션 비즈니스도 자칫하면 전투레벨로 후퇴할 가능성이 있다. 이런 일도 충분히 인식해 두어야 할 것이다.

3. 패션 비즈니스를 하고자 하는 사람에게

패션 비즈니스의 기반 구축과 경영 룰과의 관계는 대강 이것으로 이해했으리라 생각한다.

만약 패션 비즈니스를 해보고자 한다면 지금의 자기 위치를 알고, 그런 때 어떤 방법을 택하여야 좋은가를 아는 것이 성공의 지름길이다. 그런 의미에서 이 글을 하나의 척도로 해주었으면 싶다. 이와 동시에 패션 비즈니스의 특성에 대해서도 충분히 잘 알고 있어야 할 것이다.

이상, 제1장에서 제4장까지는 주로 패션 비즈니스에 대해 총론에 해당되는 부분을 설명해 왔다. 제5장 이후는 그 구체론을 섞어 각론에 들어가고자 한다. '기초가 부실한 집은 기울어진다고' 하지 않는가. 기초편으로서 다시 한 번 지금까지의 글을 읽어주었으면 한다.

제 5 장 소매점 운영과 패션

이 장에서는 구체적인 패션론으로서 패션과 소매점 운영의 문제를 거론해 보기로 한다.

나는 소매점 운영에서 특별한 노하우나 기술혁신 같은 것은 없다고 생각된다.

좋은 위치에 가게를 만든다. 종업원이 무엇보다도 장사하기를 좋아한다. 열심히 노력한다. 손님이 기뻐하는 점포를 만들면서 좋아하는 물건을 마련하여 손님에게 판다. 사가지고 간 후에도, 그 가게에서 물건을 사기를 잘했다고 손님이 기뻐하도록 해준다. ……이와 같은 소매 노하우를 생각해 보면 특별한 운영의 노하우 같은 것은 거의 없을 것 같다. 또한 앞으로도 특별한 기술혁신이 행해질 것 같지 않다. 그런 점은 도매상 운영의 경우도 마찬가지이며, 이것은 인간적인 요소가 매우 강한 업계나 업소에도 공통된다고 할 수 있다.

인간적인 요소가 강하면 강할수록 올바른 방향 설정과 노력이 성과와 연결되는 것이 경영의 원칙이다.

1. 올바른 방향 설정은 패션사고(思考)

토요일의 오후나 일요일이 되면 소매점에 많은 사람들이 모여 든다. 이것은 도시나 시골이나 마찬가지 현상이다. 일반적으로 소매점에 몰려오는 사람들의 목적은 물건을 사는 것이 첫번째라고 생각하지만, 아무래도 그것만은 아닌 것 같다. 여가의 시간을 눈요기로 보내기 위해 소매점으로 간다는 사람이 그런대로 많다. 거의 아무것도 사지 않는 어린이로부터 허리가 구부러진 할머니에 이르기까지 계속 소매점으로 모여 든다.

나의 조사에서도 백화점에 찾아 오는 사람 중 20~30%밖에 물건을 사지 않으며, 번화가의 점포도 들어오는 사람 중 물건을 사는 사람이 10%가 채 안되는 곳이 얼마든지 있다. 이러한 경향은 국민 전체의 소득 증가에 따라 현저해졌다. 개인적인 경우에도 대단히 바쁜 사람이나 게으름뱅이가 아닌 한 어떤 수준까지의 소득 증가가 소매점을 들리는 회수를 증가시킨다고 단언해도 좋을 것 같다.

그 이유는 일본의 소매점이 문화와 지식과 정보를 제공하고 기대와 욕망에 자극을 주며 더구나 꿈이나 만족감을 주기 때문일 것이다. 따라서 소매점은 계속 손님으로 하여금 '현재와 가까운 미래'를 느낄 수 있도록 진열품의 연출에 노력하지 않으면 안된다. 이 '현재와 가까운 미래'를 '패션 사고'라는 말로 나는 바꾸어 놓고 싶다.

지금의 일본사람들은 대부분 고소득이고 높은 교육을 받은 사람들이다. 그러나 생활상태가 반드시 높은 수준이라고는 말할 수 없다. 또한 올바른 의리나 높은 교양을 지닌 사람들이라고는 말할 수 없는 상태에 있다. 더구나 젊은 사람들은 일차적으로 패션적인 인간이다. 뉴 패밀리라고 불리는 연령층보다 젊은 사람들은 텔레비전이나 각종의 출판물에 의해 한층 더 가치관이 여성적이고 내면 지향적이 되었기 때문에 좋아하거나 말거나 패션을 알게 되도록 성장하였다.

　지금까지 말해 온 것처럼, 패션 레벨은 욕망과 마찬가지로 향상한다. 일본 젊은이들의 패션 수준은 의식적인 면에서나 현실적으로도 현재 더욱 더 향상을 목표로 발전하고 있다. ……이런 것이 소매점에서 '현재와 가까운 미래'로서 진열되고 있다. 그러므로 그것을 패션적인 사고방식(생각) 그 자체라고 해도 지나친 말은 아닐 것이다.

　나는 패션적 사고가 '자연'과 '실물(實物)' 그리고 '아름다움'을 통해 일본 사람의 교양을 높혀 주며, 나아가서는 인간성을 향상시키고 그것이 생활수준의 향상과도 연결된 것처럼 생각하지 않을수가 없다. 그렇다기 보다 오늘날 젊은이들의 커다란 하나의 특성은 여성화, 패션화이다. 그렇다면 다른 면에서 무리함이 없이, 누구나가 알고 있고 빠져 들어가는 패션 의식을 자극하고 향상시킴으로써 교양과 인간성을 향상시키는 것이 지름길인 것 같이 생각된다.

　그리고 그 리더역(役)은 업태적(業態的)으로 소매점이며, 업종으로서는 패션산업일 것으로 생각해도 그다지 빗나간 것은 아니라고 할 수 있을 것이다.

2. 패션만큼 노력이 필요한 것은 없다

　패션 비즈니스는 손님의 센스와 감성을 미리 알아차리지 않으면 안되는 비즈니스이다. 예를 들면 소매점이 물건을 진열할 때, 지금처럼 경쟁이 격렬하면 아무래도 곧 팔리는 상품을 갖추어 놓지 않으면 안된다. 패션과는 전연 관계없는 생필품이라면 염려할 것 없이 점포에 늘어놓기만 해도 된다. 당장은 팔리지 않더라도 언젠가는 팔릴 것이다. 게다가 당황하여 값을 내릴 필요도 없다. 그러나 패션 상품은 일반적으로 항상 위험이 수반

되고 있다. 잘못 물건을 진열한다면 점포가 망할 가능성도 있기 때문이다.

어떻든 손님이 호감을 갖는 상품을 갖추어 놓지 않으면 안된다. 그러기 위해서는 손님의 패션에 대한 욕망, 이른바 센스와 감성에 부합하게 하여 손님이 자신들의 몸에 걸치도록 노력에 노력을 거듭하는 이외에는 아무것도 없다.

패션 메이커나 패션 전문점, 그리고 그곳의 상품 담당자 중에서도 정확하게 팔릴 물건을 파악하는 사람들이야말로 하루 24시간 신경써야 되고, 계속적인 노력이 필요하다. 조금만 실수하게 되면 목적에서 빗나가게 되고, 과거의 영광 같은 건 물거품처럼 사라져 버리며 더하여 큰 손해를 보게 된다. 걸어다니면서 비교하고 생각하고 규격화하고 예리한 판단을 늘 몸에 익혀 나가야 한다.

지금 일본의 소매업계는 매우 악화되었다. 소비는 변동이 없는 상태인데 매장 면적이 계속적으로 증가하고 있다. 더구나 앞으로도 더욱 증가할 것이다. 그리고 인간적 요인이 큰 업태이기 때문에 패션 감각을 닦는 것과 똑같은 노력이 오늘에야말로 소매업에 있어서도 필요할 것이다.

방향 설정에 있어서도 패션적 사고, 노력의 방향도 패션 비즈니스 지향이 앞으로의 소매점 경영에 있어 중요하다는 것을 이것으로 알 수 있을 것이라 생각한다. 이제부터 새롭게 소매점을 만든다고 가정하고, 어떠한 생각으로 점포를 만들면 좋을지를 구체적으로 설명하고자 한다.

3. 소매점 경영에 있어서의 패션적 성격

1) 손님이 원하는 상품을 개별적으로 검토하고 구입한다

소매점 경영은 손님이 원하는 상품을 제공해 주는데 있다. 그러기 위해서는 우선 손님이 갖고 싶어하는 상품 1점 1점을 검토하여 구입하지 않으면 안된다. 잘못하면 안되므로 다짐해 두지만, 소매점이란 항상 1점 1점 조심해서 사입하고, 1점 1점 파는 것을 그 운영의 기본으로 해야 한다.

그런데 오늘의 고객들은 대부분이 패션적인 인간이다. 소매점 운영의 원칙에 '손님과 가장 비슷한 생각을 가진 사람이 물건을 사입하고 그 사람이 파는 것이 가장 좋다'고 하는 대전제가 있듯이, 손님의 대부분이 패션적인 인간이면 패션적인 감각을 가진 사람을 찾아내어, 그 사람으로 하여금 판매할 상품을 구입케 하지 않으면 안된다. 더구나 이 구입 담당자는 조금이라도 손님을 리드하지 않으면 장사가 되지 않는다. 유행이라든가 팔리는 계통을 충분히 파악하지 않으면 안된다. 이런 조건 등이 패션성 (性)의 가장 중요한 핵심이지만, 그러기 위해서는 많은 동업자, 각 점포나 거래처를 철저히 관찰하고, 무엇이 유행하고 무엇이 팔리는가를 규격화 하는 능력이 필요하다.

지금까지 말한 것을 패션성(性)이라는 점에서 정리해 보려고 한다.

(1) 손님과 가까운 패션성이 높은 사람을 찾아내어 그 사람으로 하여금 구매를 맡긴다.

(2) 관찰하고, 비교를 많이 함으로써 무엇이 팔리고 무엇이 유행하는가를 구매 담당자가 직접 기억한다.

(3) 손님이나 판매원, 구입처에 대해 자신이 몸으로 체험한 센스나 감성을 설명하고 납득할 수 있도록 규격화 한다. 이와 같은 규격화 능력을 양성한다.

……는 것이 되는 것이다.

2) 구입해 온 상품을 손님이 찾아 오기 쉽고 기분좋게, 즐겁게 물건을 살 수 있는 장소 → 점포에 전시한다

소매상에 있어서 장사하는 장소는 점포이다. 그런 의미에서 점포의 장소는 매우 중요하다. 우선 손님이 오기 쉬운 곳에 점포를 만들지 않으면 안된다. 그러기 위해서는 무엇보다 교통문제가 중요한데, 주차장이나 공공의 교통기관이 포인트가 된다.

그러나 최근처럼 소득이나 교양 수준의 향상에 따라 패션 레벨도 상승하게 되면 교통 요소 이외에 환경적인 요소도 매우 중요하다.

대형 점포라면 어느 정도는 스스로 환경적인 요소를 만들어 낼 수 있지만, 소형 점포일 때는 아무래도 환경 요소가 좋은 곳에 점포를 마련할 수밖에 다른 방법이 없다.

내가 하나의 상권(商圈)에서 환경 요소를 간추린 것은, 그곳 상권 안에서 제일 잘 팔고 있는 대형 점포 1층 매장의 분위기라고 자주 말했는데, 이와 같은 환경 요소는 어디까지나 고객이 생각하는 '현재와 가까운 미래'가 밀착된 것이 아니면 안되는 것이다.

다음은 기분좋게 그리고 즐겁게 물건을 사가게 하려면, 점포를 손님에 맞추지 않으면 안된다. 이 역시 손님에게 영합하는 환경 적응이며 패션의 원칙이다.

더 나아가서 손님이 만족하도록 하기 위해서는 점포 연출을 패션성(性) 그 자체에 따라 만들어 내지 않으면 안된다. 알기 쉽게 말하면 다음과 같이 된다. '진열, 레이아웃, 연출의 중요한 포인트는 그것이 목적으로 하는 단위 면적당 매상고를 상승시키는 수법에 있다. 이를 위해서는 박력 · 여유 · 리듬 · 정리 · 정돈·청결의 5요소가 아무래도 필요하다. 이 5개 요소는 바꾸어 말하면 패션성의 5요소 그 자체라고도 할 수 있는 것'들이다.

박력이 없는 점포는 팔리지 않는다. 재고량이 단위 면적당 일정량 이상인 경우, 팔리지 않은 원인은 소매점 운영자라면 다같이 잘 알고 있듯이 이것은 박력이 없기 때문인 것이다. 또한 매장에 여유가 없는 점포는 즐겁지가 않다. 물건을 사는데 피로를 느낀다. 여유가 없는 점포에서는 디스카운트적 장사법이나 무경합(無競合) 장사 이외에는 쉽게 성공하지 못하는 것이 통례이다.

지금 어떤 장소에서 소매점을 운영한다고 가정하면, 단위 면적당의 매상고는 대량 판매점을 1이라고 할 때, 백화점은 2, 전문점은 4까지 매상을 올릴 수가 있다. 그렇다기보다 전국 어디서나 톱클라스의 백화점은 2, 톱클라스의 전문점은 4의 매상을 자랑하고 있다. 톱클라스의 전문점이 이렇게 많이 파는 이유는 종업원의 일하겠다는 의욕이 첫째지만, 그 의욕이 상품의 아이템적인 농도(濃度)나 상품 밀도가 고객의 인기와 연결되고, 판매 밀도가 강화된다. 더 나아가서 점포 내부의 연출에도 농담(濃淡)이 있는데, 이것이 리듬으로 변화된다. 이것이 단위 면적당의 매상을 크게 신장시켜 준다. 그 이유는 인간은 리듬적 동물이기 때문이라고 생각한다. 패션도 완전히 리듬적인 성격을 지니고 있다는 것을 이해해 주기 바란다.

부인용의 패션 전문점에서 최고로 알려진 스즈야(鈴屋)에는 재미있는 노하우가 있다. 어느 점포의 업적이 바람직하지 못하고 예산 달성이 어렵다고 생각했을 때, 그 점포의 종업원에게, '상품의 정리 정돈과 점포의 청결'을 호소하자 이내 업적이 회복되었다고 한다. 손님은 정리 정돈이 잘 안된 점포에서는 될 수 있는대로 물건을 사려고 하지 않는다. 세심하지 않은 사람에게는 안심할 수가 없기 때문이다. 패션도 마찬가지로 정리 정돈에서 시작된다. 유명한 패션 디자이너나 패션 어드바이저도 우선 모두가 정리정돈의 명인들이다. 그것이 육감과 재치의 근원인 이상, 독자도 나의 의도를 긍정할 것이다.

3년 전에 어떤 대형 백화점이 우수한 물품구입 담당자의 적성을 조사한 일이 있다. 그 첫째 조건은 '깨끗한 것을 좋아한다'는 점이었다. 더러운 것을 참을 수 없는 성격이 완전주의자를 탄생시킨다. 그리고 그것이 아름다움의 원점이기도 하다. 점포도 깨끗하지 않으면 물건이 팔리지 않는 것이다.

여기서 지금까지 말해 온 것을 패션성(性)이라는 점에서 정리해 보고자 한다.

(1) 손님이 원하는 환경적 요소보다 조금 앞서 가는 점포를 만드는 것이 점포 구성의 기본이다. 위치나 진열 상품의 연출도 다 같이 '현재와 가까운 미래'적인 요소가 무엇보다도 필요하다.

(2) 패션성의 5요소가 높은 성과를 이룩한다——점포의 연출에 가장 중요한 이 5개 요소는 ① 박력 ② 여유 ③ 리듬 ④ 정리 정돈 ⑤ 청결이다.

3) 점포를 찾아온 손님에게 상품을 사도록 하지 않으면 안된다. 더구나 손님의 바램과 점포가 이끄는 상반된 조건을 충족시켜 주면서 판매고를 올려야 한다

소매업이라는 것은 손님 위주로 운영하면 할수록 업적이 향상되는 영업 상태이다. 손님 위주의 원점은 고객보다 자신들이 먼저 완전히 손님이 되어 버리는 일이라고 할 수 있을 것이다.

어떤 손님이나 물건을 살 때의 욕구는 표 16처럼 에스커레이트

하는 법이다. 현재의 일본 사람의 표준은 '평균' 플러스 '개성'이라는 제4단계에 있다고 생각된다. 이때, 점포 구성의 핵심은 '평균'+'구성'이라는 손님 위주와 여기에 첨가되는 한 발 앞선 제5단계 '심리적 차별감'을 어떻든 간에 받아들이지 않으면 안된다. 그 이유는 점포측이 손님을 이끌어 나가지 않으면 역시 기업으로서의 존재 가치에 문제가 생기기 때문이다. 이제까지와는 달리 경쟁 격화, 공급과잉 속에서 점포가 이끌어가는 영업은 매우 어렵다.

〈표 16〉 물건을 살 때의 욕구단계

⑥ 진짜를 요구한다.
⑤ 심리적인 차별감을 요구한다.
④ 평균적인 멋에 개성을 플러스시키고 싶다.
③ 평균적이고 싶다.
② 값이 싸고 필요한 것을 충분히 갖고 싶다.
① 최저한으로 필요한 것을 갖고 싶다.

　예를 들면 니시부(西武)백화점이 케부크로에서 시도한, 새로운 객층별(客層別), 라이프 스타일별 매장 등은 점포가 주도한 좋은 실례로, 그러기 위해서는 규모와 새로운 관점이 필요하다.

　패션 비즈니스는 그 자체가 소비자들의 욕구를 미리 알아내는 가운데 일반 대중을 만족시켜야 하며, 그 속에서 소비자 지향과 비즈니스로서의 리더십을 갖지 않으면 안된다. 이렇듯 상관성을 갖게 되면 소매점에서의 판매 원칙은 패션 비즈니스의 상품화 원칙 바로 그것이라고도 할 수 있다. 그렇다기 보다는 소매점 경영 자체가 패션 비즈니스화 했다고 하는 것이 옳을지도 모른다.

　상품을 손님이 사가게 하기 위해서는 궁극적으로 좋은 상품과 좋은 판매원이 필요하다. 그러므로 좋은 상품은 훌륭한 판매원이 수집한다고 해도 결코 지나친 말이 아니다. 유능한 판매원은 비록 자신이 상품을 구입해 오지 않더라도 구입 담당자를 리드하여 좋은 상품을 수집하는 것이다. '이런 상품을 구매담당자가 보내오므로 팔리지를 않습니다'라고 하는 판매원의 변명은, 그와 같은 시스템을 그대로 놔두고 있는 경영자에게도 문제가 있지만 판매원 자신의 무능을 동시에 나타내고 있다.

　소매점의 중요한 포인트는 이런 의미에서 어디까지나 판매원에 달려 있다. 그렇다면 유능한 판매원이란 어떤 판매원일까? 그것은 손님의 생각을 아는 판매원을 말한다. 손님의 마음을 읽어낼 수 있는 사람, 그리고 그 손님에게 무엇을 어드바이스하여 사가게 하는 것이 제일 좋은가를 손님의 입장에서 알고 있는 사람이 유능한 판매원의 조건이라고 할 수 있다.

　유럽의 소매점에 가보면 곧잘 진짜 프로적인 판매원을 볼 수 있게 된다. '당신에게 제일 잘 어울리는 구두는 절대적으로 이것이다'라고 정확하게 이쪽의 마음을 적중시킨 밀라노의 구두가게 주인이나 '자네의 몸에는 아무래도 유럽인용의 코트는 맞지를 않는다. 이번에 귀국하거든 이러한 코트를 만드는 것이 좋다'고 말한 다음 치수를 잰 후, 스케치 그림을 그려 주면서 정중히 판매를 거절한 파리의 신사복 점포 주인도 있었다.

　머리 치수를 잰 후 '자네의 머리는 원형(円型)이어서 우리 가게의 모자는 맞지를 않네, 우리 가게의 모자는 유럽 사람들의 머리 모양인 계란형에 맞추어 만들었다네, 만약 영국에서 꼭 모자를 사고 싶다면 하롯즈로 가보는 게 좋겠다'라고 가르쳐 주던 런던의 모자 가게의 젊은 점원 등이 있는데, 이것을 내가 말한다면 '나의 마음을 알고 어드바이즈해 준 고마운 판매원'

이 되는 것이다.

패션은 손님의 생각을 아는 데서부터 시작된다. 판매원도 손님을 아는 일로부터 시작된다. 그리고 그것이 좋은 상품을 갖추는 일로 발전되고, 머천다이징(과학적, 효과적인 판매 수단)으로 연결된다. 나아가서 높은 매상고로 이어진다.

이렇게 생각해 보면 소매점 경영의 노하우는 패션 그 자체라고 해도 결코 지나친 말이 아닐 것이다.

여기서 지금까지 말해 온 것을 패션성(性)이라는 점에서 정리해 보기로 한다.

① 손님 위주와 손님에 대한 리더십의 양면을 갖지 않으면 안된다.

② 손님의 마음을 아는 일, 손님의 입장에 섬으로서, 거 서 부터 모든 것이 시작된다.

이것이 영업성적을 향상시킬 수 있는 결정적인 요소가 된다.

4. 소매점 경영자는 패션을 아는 사람이어야 한다

최근의 일이었다. 모 출판사가 《새로운 패션 비즈니스를 위하여》라는 신간을 출판하려고 기획하고, 하마노 야스히로(浜野安廣)씨와 나를 보고 이런 말을 하였다.

"두 분이 말씀만 해주시면 됩니다. 그러면 그것을 다이제스트 하여 1권의 책으로 만들겠습니다."라고 약 3개월 전에 이런 의뢰가 있었다. 그렇지만 두 사람이 다 같이 바빠서 쉽게 날을 맞출 수 없다가 간신히 어떤 날 만나게 되었다. 그리하여 하마노씨를 간세이(關西)까지 오게 하여 아침부터 저녁까지 대담을 진행하였다.

대담 장소는 우리 집에서 가까운 다카라쓰카의 송풍각(松

風閣)으로 정하였다. 이곳은 장기의 명인대전 등이 행해지는 다카라쓰카에서도 유서가 깊은 여관이다. 정원과 요리가 무엇보다도 나에게 위안이 되었다. 그 이유와 또한 집에서 가깝기도 하여 곧잘 이용하는 곳이기도 하였다.

그 날은 아침부터 비가 내렸다. 전날 밤부터 설사 기운이 있어 몸의 컨디션이 그다지 좋지는 않았지만, 아침에 잠에서 깨었을 때 나는 대담하는 장소인 일본식 방과 그 방에서 보이는 일본 정원이 먼저 머리에 떠올랐다. 이어 하마노씨의 얼굴이 떠올랐다.

아랫배에 다소 통증이 있었다. 그래서 아무래도 평상복차림으로 대담 장소로 가고 싶었다. 그보다는 '대담하는 장소, 환경, 상태, 나의 몸 컨디션, 인연이 있고 너무나도 잘 아는 장소' 등의 상황이 나에게 가장 잘 어울리는 장소이므로 겉옷을 걸치지 않고 입은 채로 나갔다. 그리하여 그 날의 대담은 우선 이 일본 옷의 일에서부터 시작되었다.

실제로 옷이 딱 몸에 맞았으므로 나는 기분좋게 탈선이 혼합된 대담을 진행하였다. 젊은 하마노씨는 "선생님, 탈선이 심합니다"고 놀려 주었으므로 어느 새인지 모르게 설사도 멎은 것 같았다.

얼마 후에 우리의 대담이 한 권의 책이 되어 나오리라 생각하지만, '몸에 딱 맞는 옷을 입고 갈 수 있다' '분위기에 모든 것을 잘 맞출 수 있다'와 같은 것이 '패션을 이해할 수 있다'는 것이 아닌가, 하는 점이 하마노씨와 나의 일치된 의견이었다.

패션을 아느냐 하는 문제는 '소득수준, 교육수준'에 의해 다소 좌우되지만, 아무래도 본질은 경험이나 지식을 바탕으로 한 센스(감각)에 있는 것으로 생각된다.

그리고 그러한 센스는 섬세함과 철저하고 완벽하지 못하면

견딜 수 없는 섬세한 신경을 지니고 있는가의 여부에 달려 있는
것으로도 생각된다. 예를 들면, 나는 평상시에도 벽에 걸려 있는
그림이 1밀리라도 일그러져 있으면 즉각 고치지 않으면 신경이
쓰여서 견딜 수 없고, 벗어 놓아 흩으러진 슬리퍼도 즉시 가지런
히 해놓고 싶어진다(단, 바쁠 때는 신경이 쓰이지 않는다).

정확하게 그림다운 그림이 되지 않으면 견디지 못하는 성격…
… 그렇지만 인간이란, 필경 자기 안에 있는 것밖에 보지 못하는
것이다……이라고 한다면, 미적(美的) 경험, 미적 훈련, 미적
교육이 센스를 조성하는데 있어서 역시 필요할 것이다. 이와
동시에 여유 또한 필요한 조건이 될 것이다.

소매점은 지금까지 말해 온 것처럼, 패션 그 자체이며, 그것은
미적 센스를 무엇보다도 필요로 하는 것이다.

그렇다면 소매점을 운영하는 여러분은 무엇보다도 패션과
아름다움만은 이해할 수 있어야 하므로 우선 그러기 위해 자신의
주변이 그림이 될 수 있는지 아닌지 하는 문제부터 검토하기
바란다.

제 6 장 패션 비즈니스는 좁고 깊게

나는 이 원고를 뉴질랜드, 오클랜드시의 호텔에서 썼다.

때는 1976년 3월 27일, 오전 7시 30분을 조금 넘었을 무렵이었다.

물론 관광으로 간 것은 아니었다. 섬유업계와 관계가 많았기 때문에 목축의 나라인 오스트레일리아, 그리고 뉴질랜드는 다 같이 사업적으로 관련있는 나라들인 것이다.

3월 24일에는 오스트레일리아의 목장지대인 캔베라와 시드니 사이 약 250km를 자동차로 달렸고 2일 후인 26일에도 오크랜드에서 해밀튼, 와이트머까지 연장되었다.

'마오리족과 목초지대'의 한가로운 여행이었지만, 전날은 하루에 450킬로터 쯤 자동차로 달렸다.

오스트레일리아의 면양 수는 약 1억 5천만 마리(인구 1,300만명), 또한 뉴질랜드는 약 6,000만 마리(인구 300만명)였다.

양모의 장래성을 조사하는 일이 이번 방문의 목적 중 하나였지만, 모든 면에서 일본과 대비가 되는 이 남반구의 오스트레일리아와 뉴질랜드는 인간 행동이라는 관점에서 매우 흥미가 컸다.

나는 심리학을 전문적으로 공부했고 여기서 파생되는 인간 행동의 한 패턴인 패션에 대해서 남달리 흥미가 많은 편이다.

그것은 환경과의 관계에서 대상과 비교하면 가장 잘 알게 된다. 그러므로 이번 여행은 패션에 대한 흥미를 충족시켜 주는 뜻있는 외국 방문이 될 것임에 틀림없다.

1. 오스트레일리아와 뉴질랜드에는 오늘의 일본 소매업계가 생각하는 패션은 없다

브리스번(Brisbane), 시드니, 캔버라(Canberra), 멜버른 등 오스트레일리아의 대표적인 4개 도시를 돌아보고 느낀 것은, 오스트렐리아에는 우리들 일본 사람들이 생각하고 있는 의상 재료품의 패션은 존재하지 않는다는 점이었다.

시내의 거리는 정연했고, 자연도 건물도 깨끗했다. 계획 도시인 캔버라는 세계적인 건축가의 메카이기도 하다. 국민 소득도 이 나라는 1인당으로 일본보다 높은 것으로 알고 있다. 그러나 도심지를 걷고 있는 시민들의 복장은 그야말로 허술하였다.

지금도 미니 스커트가 유행하고 있었으며 젊은 여성도 단색인 폴리에스테르 혼방의 스커트에 아크릴의 스웨터, 카디건(Can-digan)을 걸치고 있는 것이 많이 눈에 띄었다. 기후는 초가을이었고 아침 저녁은 시원했다. 그러나 옷을 겹쳐 입은 사람은 눈에 띄지 않는다. 의상재료의 코디네이트 패션도 전연 볼 수가 없었다. 중년 이상인 여성은 구겨진 옷을 입고 거리를 걷고 있었다.

세계의 어디나 똑같지만, 변화성이 거의 없는 남성 비즈니스맨의 양복차림이 이 나라에서는 가장 단정하고 멋있게 보였다.

메이야, 파마즈, 대비드, 존즈 등 초특급 백화점 안에도 의상재료품 매장은 일본 시골의 슈퍼 수준이었다. 진열된 상품도 순천연섬유 제품조차 볼 수 없을 정도로 빈약하였다.

전문점도 마찬가지였다. 이른바 모드(유행)상품이나 패션 상품 같은 것은 하나도 없다 싶을 정도였으며, 의상재료 상품도 매스 패션상품과 매스 상품밖에 없었다.

1인당 국민 소득이 일본의 1.5배인 나라의 의상재료품 패션의 현실이 이러했던 것이다.

파티 웨어(이른바 소시얼 웨어=사교복)도 거의 레이온 (인견) 혼방이었으며, 일반 의상재료품도 일본의 1.5배 정도였고, 한편 파티 웨어는 수급의 관계 탓인지 일본의 0.7정도로 가격이 쌌지만, 역시 고급품은 전혀 찾아볼 수 없었다.

3월 23일, 오스트레일리아의 하원을 방문했을 때, 의사당 앞의 광장에서 이곳으로 관광 온 수명의 일본 여성을 만났다.

한 사람은 신혼여행 중인 젊은 신부였는데 그녀가 입고 있는 실켓으로 가공된 면(綿) 니트의 슈트(suit)가 한동안 내 눈에 못박혀 떨어지지를 않았다. 또 한쪽의 일본 여성은 봄 방학을 이용하여 이곳으로 놀러 온 학생들이었는데 그 아가씨들이 입고 있는 것이, 이 나라 여성의 허름한 옷 속에서 멋있게 돋보이는 것이었다.

멜버른의 상공회의소에서 일본·호주협회 이사장이기도 한 오스트레일리아 내셔널 뱅크의 일본담당 이사인 터키(J. T. Thurkie) 씨나 빅토리아주 개발국의 인더스트리얼 컨설턴트로 있는 하리 바스킨(Harry Baskin)씨 등에게 이런 점을 털어놓았다.

"패션에 대해서 알고 있지를 못합니다. 이 나라는 양모의 나라이면서도 의상재료품은 앞으로 합섬의 시대라고 우리는 생각합니다. 무슨 이유로 그런 질문을 하는지 알 수 없습니다"는 것이 그들의 나에 대한 대답이었다.

또한 뉴질랜드 역시 오스트레일리아와 대동소이했다. 뉴질랜드에서 제1가는 도시가 오클랜드시인데, 이 도시의 최고 소매점은 하이라잇드(HAYWRIGHTS)라는 백화점이었다.

어제 아침 1시간 동안 이 백화점을 둘러 보았는데 오스트레일리아와 똑같은 인상밖에 받지 못했다. 단지 국민성의 차이 탓인지, 뉴질랜드에는 양복지를 파는 점포가 많았으며 가정에서의 재봉이 발달해 있어, 그것이 여성 의상재료의 다양화와 연결된 점이 오스트레일리아와는 약간 달랐다.

그렇지만 가정에서 지어내는 옷이라고 하면, 어느 정도의 것인지, 독자들도 대충은 짐작이 갈 것으로 안다.

2. 오스트레일리아와 뉴질랜드의 주택환경,주택패 션은 멋있다

의상재료품 패션에 대해서는 그야말로 낙심했지만 살고 있는 환경, 리빙 패션은 일본보다 훨씬 훌륭했다. 그래서 이 나라의 의상재료품 패션을 더욱 저질로 평가했다고도 할 수 있다.

이곳의 보통 주택은 대체적으로 토지가 1,000 평방미터로 집에 정원이 부설되어 있는 것이 상식이다. 상류사회의 제1급 주택이 일본의 엔(円)으로 환산하면, 약 2,500만엔, 보통의 땅이라면 1,000만엔 정도이다.

목장은 에이커(4,047 평방미터) 단위로, 고급 땅이 약 60만엔, 3급 땅이 6만엔이다. (1에이커 60만엔의 목장에서는 에이커 당 연간 8마리의 양을 키울 수 있다고 했다. 한편 에이커 당 6만엔의 목장에서는 연간 1에이커에서 1마리의 양밖에 키울 수 없다고 한다).

이와 같은 가격에서 알 수 있듯이 토지는 일본과 비교하면 거짓말처럼 싸다. 이런 가격의 주택이나 목장은 국토 안에서 몇 퍼센트 밖에 안되는 1등지의 가격이며, 3등지라고 해도 일본에서는 아마 3.3 평방미터당 5만엔 이하로는 구입할 수 없는 그런 토지이다.

푸른 나무로 둘러 쌓여 질서있게 늘어선 집들, 그 안을 달리는 넓은 도로, 완벽한 주거 설비, 토털 코디네이트된 인테리어나 가구류, 이 나라가 일본 보다는 훨씬 발전해 있다.

특히 가장 뛰어난 곳은 계획도시 캔버라이다. 오스트레일리아의 수도인 캔버라(Canberra)는 건축학을 전공하는 자들은 꼭 한번 찾아봐야 할 곳이다. 브라질의 브라질리아와 함께 건축가의 메카라고 하여도 과언이 아니다.

물론, 패션 전문가라는 말을 듣는 사람들도 꼭 봐두어야 할 도시의 하나가 되어 가고 있다. 왜냐하면 그곳에는 인류가 생각할 수 있는 가장 아름다운 도시가 만들어지고 있기 때문이다.

오스트레일리아 정부가 발행하고 있는 캔버라 안내서에는 다음과 같이 쓰여 있다.

'20세기가 시작되는 1901년, 캔버라는 오스트레일리아의 6개 식민지가 하나의 연방국가가 됨으로써 탄생되었다'고.

그 개요를 설명하면 다음과 같다.

1901년, 영국의 식민지였던 오스트레일리아의 6개 지역이 하나가 되어 연방을 만들었을 때, 수도의 결정문제로 큰 논쟁이 벌어졌다. 역사가 오래 되었고 인구가 많은 시드니와 멜버른이 팽팽히 맞섰는데, 서로가 양보를 하지 않았다. 그리하여 마침내 타협안으로서 두 도시의 중간 지점인 캔버라라는 곳으로 결정했던 것이다.

1912년 인공도시를 만들기로 하고, 온 세계의 유명한 건축가로부터 설계를 모집, 수백의 응모작품 중에서 미국 사람인 월터버시 그리핀의 작품이 당선, 1913년부터 건설에 착수했으며, 1927년에는 멜버른에서 수도를 이곳으로 옮겼다.

중심에 강을 막아 만든 그리핀 호수를 배치했으며, 호수 남쪽
에는 국회의사당 등 관청 거리를, 그리고 호수의 북쪽에는 상점
가, 주택가 등을 배치하였다.

현재 면적은 2,432 평방킬로 미터, 인구 17만 8천명, 녹음으로
둘러쌓인 하나 하나의 건물, 배치 장소, 그 밖의 모든 것이 검토
에 검토를 거듭한 끝에 만들어진 인공도시이다. 하늘에서 보거
나, 도로를 달리면서도 또는 건물 안에 들어가서도 모든 것이
어디에서든 그림이 될 수 있는 도시가 되어 있다.

나는 이것이야말로 패션이라고 생각하고 반나절 동안 자동차
로 이 수도를 돌아보고는 완전히 압도당해 버렸는데, 이 수도의
다운타운 상점가나 교외에 있는 유일한 교외형(郊外型) 쇼핑
센터인 우든 프라자(Woden Plaza)도 건축이나 점포 등 다 같이
멋있었지만 특히 의상재료에 있어서는 허술하기 그지없었다.

오스트레일리아의 그밖의 도시나 시골도 또한 뉴질랜드의
도시나 시골도, 주거환경, 자연환경은 그야말로 훌륭하기 이를데
없다. 의상재료, 복장 관련의 변변치 못한 것과 달리 소매점
가게 앞의 인테리어나 가구 관계는 알차고 멋있다. 컬러코디네이
트도 나무랄 점이 하나도 없도록 되어 있다.

이와 같은 불균형을 도대체 뭐라고 해석해야 할 것인가?

물론 백호주의(白濠主義)라는 말과 같이, 백인 중심사회인
오스트레일리아나 뉴질랜드의 국내상황이다. 그러나 일본인과
비교해 인간적 스타일의 장점이, 의상재료 패션의 결점을 어느
정도 커버하고 있지만, 나처럼 섬유업에 전문적인 사람에게는
의상재료품의 후진성에 답답함을 금치 못하게 한다.

또 한가지 이곳에 와서 느끼게 된 것이 있다.

자동차의 보급율이 매우 높은 사실이었다. 대체적으로 한 세대
에 2대이며 인구 1.5명에 1대의 비율로 자가용 차를 보유하고

있었다. 그런데 그 차들이 고물인 것이다. 평균적으로 1대의 차는 10년은 탄다고 한다. 그 때문에 중고차 시장은 거의 운영되지를 못한다.

중고차도 또한 대단히 비싸다. 2,000cc 급의 새차는 대체로 300만원 정도인데 5년이나 지난 중고차라도 100만원은 하는 것 같았다. 한 가지 물건을 매우 소중하게 사용한다는 인상을 받았으며, 나처럼 2년간 지나도 새 차나 마찬가지인 차를 바꾸는 사람으로서는 부끄러운 생각이 들기도 하였다.

더 재미있는 일이 있다. 텔레비전의 보급율이 60％, 컬러 텔레비전이 3％라고 한다. 백화점에서 보면 컬러 텔레비전은 14인치의 디스카운트 제품으로 20만엔 이상이었다.

"흑백 텔레비전이면 충분히 알 수 있는데 어째서 컬러 텔레비전이 필요한가요?"

이 말은 캔버라 제일의 호텔이라는 캔버라 랙스호텔에 숙박했을 때, 흑백 텔레비전 밖에 방에 없으므로, 매니저에게 물었을 때, 이상한 것처럼 그가 대답한 말이었다.

지금 내가 투숙하고 있는 호텔은 뉴질랜드에서 제1급의 호텔인 인터 콘티넨탈이라고 한다. 이 호텔의 나의 방에도 컬러 텔레비전이 놓여 있지 않았다.

지금까지 멜버른에서는 사우슨크로스, 시드니에서는 맨체스(Menzies)라는, 각각 그 지방의 초1급 호텔에 숙박해 왔는데, 방에 컬러 텔레비전이 있었던 것은 미국손님과 일본인 손님이 많은 시드니의 맨체스 뿐이었다.

그렇지만 컬러 텔레비전이 있고 없고에 관계없이 방의 가구 집기, 인테리어, 컬러 컨트롤 등은 모두 일본의 초1류 호텔도 미치지 못할 정도로 개성적이며 진짜 지향이 강한 것들이었다.

예를 들면 멜버른의 사우슨 크로스(南十字星이라는 의미) 등은 호텔 전체가 범선(帆船) 무드로 통일되어, 각 방, 식당, 로비 등의 퍼블릭 스페이스가 얄미울 정도로 같은 계통의 색깔의 배색으로 통일되어 있었다. 인테리어에 흥미가 있는 분들은 꼭 이 호텔에 한번 투숙할 것을 권하고 싶다.

3. 패션 행동은 환경적인 관점에서 파악하지 않으면 안된다

일본은 의상적인 면에서는 뛰어나지만 주거적인 면에서는 떨어져 있다. 오스트레일리아나 뉴질랜드는 의상이 떨어져 있지만, 주거문제에서는 일본보다 훨씬 앞서 가고 있다. 이와 같은 상반된 현상은 양자를 대비시켰기 때문에 할 수 있는 말이다.

물가로서 생각하여 1인당 국민소득이나 가처분(可處分) 소득은 뉴질랜드가 일본과 비슷하다 할 수 있을 것이다(1972년 1인당 GNP가 US＄로 오스트레일리아 3,426달러, 뉴질랜드가 2,708달러, 일본은 2,439달러였다).

GNP가 차지하는 개인 소비지출도 세 나라가 현재 대략 55～60％의 사이라고 생각된다(1972년의 통계에서는 오스트레일리아가 58.7％, 뉴질랜드 56.4％, 일본 52.0％로 되어 있다).

나와 함께 간 일본의 어느 직물 메이커의 부사장은 다음과 같이 말했다. '오스트레일리아에 의상재료품 패션을 보급시키려고 생각한다면 정장차림의 분위기를 만들지 않으면 안된다고 생각한다. 인구가 적은 편이고 약동적인 족속들도 없다. 영국적 개인의식이 생활의 기본이다. 정장차림의 분위기가 거의 없다'고.

또한 역시 캔버라까지 동행했던 어느 건축 회사의 사장은,

"집에서는 정원이 제일 중요한 구실을 한다. 도시에서는 환경이 매우 중요하다. 더 말할나위 없는 집, 홀륭한 도시에 살게 되면 일반적으로 입는 옷에 대해서 다소 등한하게 되는 것이 아닐까. 개인의 프라이버시가 지켜지면 자신이 어떠한 모양으로 있건 그다지 신경이 쓰이지 않고, 다소 모양이 이상해도 환경이나 정원이 감싸준다. 대단히 기묘한 모양이 아닌 한 눈에 띄지 않는다고 생각해. 실제로 나와 같은 건축가도 입는 옷에는 그다지 신경이 쓰이지 않습니다." 라고 말했다.

자연의 아름다움에 대해 인공미(人工美)의 도전 범위를 알려고 역시 캔버라까지 동행한 어느 선전회사의 전무는 또 이런 말을 했다.

"선생님, 역시 인공의 아름다움이란 자연미를 능가할 수 없어요. 그렇지만 자연 그대로는 살아나가기가 힘들지요. 사람이 살기 편하고 더구나 자연의 아름다움에 뒤떨어지지 않는 아름다움을 탄생시키는 것이 패션 전문가나 건축가 또는 선전을 담당하는 사람의 일이 아닙니까. 그러기 위해서는 생태학(Ecology)에서 말하듯이 자연의 허용 범위를 알지 않으면 안됩니다. 그 가운데서 될 수 있는대로 자연에 녹아 들어갈 수 있는 그런 것을 만들지 않으면 안됩니다. 그렇다면 일본보다 오스트레일리아가 의류품에 있어서는 결코 뒤떨어졌다고는 말할 수 없다고 생각합니다."

인간은 어차피 환경의 동물이라고 생각한다. 환경으로부터 탈피할 수 있다고 한다면 그것은 그야말로 뛰어난 사람이거나 무능한 사람일 것이다. 이런 경우 뛰어난 사람은 미친 사람이 될 가능성이 높고 무능한 사람은 부적자불생존(不適者不生存)의 법칙으로 사멸하고 말 것이다.

그렇다면 긴 안목으로 보았을 때, 환경이 인간성을 만들고 이들이 행동을 규제해 나간다고 할 수 있을 것이다.

이를 좁은 의미에서 파악할 경우, 우리들이 말하는 패션 행동과 관계된다고 생각한다.

예를 들면, 좁은 뜻으로 파악해 보면 다음과 같이 된다.

(1) 인간이 계획적으로 인생 목표를 추구하게 되면, 우선 주거 환경의 조성부터 당연히 시작하게 된다. 한편 충동적으로 목표를 추구하게 되면, 몸 주변의 문제, 즉 의류나 식사, 본능적인 추구 등과 관련을 갖게 된다.

(2) 일본은 땅이 좁다. 사람은 많다. 돈을 벌 수는 있어도 계획적인 인생설계는 잘할 수 없게 되어 있다(1평방 킬로미터당 인구 밀도가 일본은 291명, 오스트레일리아 2명, 뉴질랜드 18명이다). 비교하기가 매우 쉽다. 약동적인 족속들도 존재하며, 정장차림의 분위기도 많다. 당연히 의류품 패션과 같은 충동적인 것에 휩쓸려가지 않을 수 없게 된다.

(3) 일본은 단일 인종, 단일 언어국가다. 더구나 의류품이 국내 소비만으로 한 산업의 단위가 되는 5,000만 명을 훨씬 넘는 인간이 살고 있다. 인간은 동화욕(同化欲)과 차별화욕(差別化欲)의 상반된 2개 욕망을 균형있게 조절하면서 살고 있다. 그러나 일본에서는 동화욕은 인종적으로 늘 충족되어 왔다. 그 때문에 균형을 잡기 위해서는 차별화욕에 아무래도 힘을 기울이지 않으면 안된다. 이것이 곧 의류품 중심인 몸치장 위주의 패션이 일본에서 사업적으로 각광을 받는 이유라고 할 수 있을 것이다.

4. 일본의 패션 비즈니스는 국내만을 대상으로 한 복식(服飾)이면서, 리빙 패션에 참여하는 것이 바람직하다

의류품 매장에서는 일본의 시골 슈퍼보다 떨어질 것 같은 이나라의 백화점이, 가구 및 인테리어의 매장에서는 일본 도심의 초일류 점포보다 뛰어난 상품을 갖추고 매장 연출을 하고 있었다.

이것을 환경의 차이에서 오는 인간성의 차이라고만 간단히 처리하기에는 너무나도 지혜가 있는 인간으로서 아쉬움이 남는 것이다. 그렇다고 오스트레일리아나 뉴질랜드로 패션 비즈니스 운운하며 일본으로부터 기성복 메이커가 와서 사업에 참여하는 것은 절대로 찬성할 수가 없다.

경영이나 비즈니스라는 것은 환경을 바꾸는 것이 본래 목적이 아니며 환경과 또한 시류(時流)를 알고 이에 적응하는 방법을 생각하는 것이 주목적이기 때문이다.

그곳 환경에서 성장하지 못하면 여기에 적용된 패션 비즈니스는 전개할 수가 없다.

그러므로 여기에서 알 수 있는 것은, 일본 국내 시장을 대상으로 의류품 중심의 복식 비즈니스를 아이템을 줄이고 더욱 철저하게 증가하는 편이 우선 이익이 되는 것이 아닐까?

한가지 사업에 깊이 들어가면 싫든 좋든 다른 관련분야가 나오게 된다. 의식적으로 광범위하게 모든 분야에 착수하고 나서 하나의 사업에 돌진하는 것이 기업경영의 상식이지만, 패션 비즈니스는 그 성격상 약간 이질적인 것 같은 생각이 든다.

우선 하나의 일에 파고 들어 지명도(知名度)를 올리고, 패션을 만들고 단골손님을 확보한다. 그런 것을 할 수 있는 자신과 전망이 선 시점에서 이들과 병행하여 다른 분야 혹은 관련분야로 진출하는 것이 일본 패션 비즈니스의 특성이라고 생각된다.

이 때의 타분야는 역시 주택과 관련된 분야일 것이다. 더구나 그 시기는 의외로 빨리 올 것처럼 생각된다. 권위와 지명도가 그 시기를 결정해 주겠지만, 톱클라스의 패션 전문점에서는 이미 그 시기에 도달해 있는 것 같다.

그러나 이는 기업에 따라, 업태에 따라 다르다. 이같은 업계의 동향이 일본 패션 비즈니스의 성패를 좌우하는 한가지 중요한 포인트가 될 것이다.

제 7 장 패션 전문점의 전개(1)

─체인 스토어에서도 점포 책임자 및 점포의 권한을 강화해야─

1. 소매점 운영의 기본적인 규칙

본 장에서부터 '패션 전문점의 전개'에 대해 구체적으로 설명하려고 한다. 우선 본 장에서는 (1) 기본적인 사고방식을 말하고 제8장에서는 (2) 상품 구성의 결정 방법, 그리고 제9장에서는 (3) 패션 전문점의 장래에 대해 이야기를 진행시켜 나가려고 생각한다.

패션 전문점에 관심을 두고 있는 사람들에게 우선 나는 다음과 같이 말하고자 한다.

'패션 점문점도 소매점입니다. 다른 특별한 것이 아닙니다. 우선 소매점 운영의 기본 규칙을 충분히 알고 난 다음에 운영하지 않으면 결코 궤도에 오를 수 없습니다'라고.

소매점 운영의 기본 규칙에 대해서는 《후나이 유키오의 소매 법칙》및 《실천 소매 세미나》의 2권이 발간되어 있고, 그 책에서 자세히 설명했으므로, 일단 패션 전문점에 있어서 꼭 필요한 규칙을 우선 간단히 말하려고 한다.

① 지역 밀착, 환경 밀착이 필요하다

점포도 상품도 오리지낼리티(독창성, 창의성)와 함께 지역이나 환경에 어울리는 것이 아니면 안된다. 예를 들면, 대도시라도 도쿄와 오사카와 나고야(名古屋)는 지역성이나 환경이 완전히 다르다. 도쿄 시내에서도 긴자(銀座)와 신쥬쿠(新宿), 우에노(上野)나 지유가오카(自由が丘) 등, 어디든지 똑같은 상품과 똑같은 스타일의 판매방법으로는 성과를 올릴 수가 없다. 이 점을 충분히 인식해 둘 필요가 있다.

② 상품밀도, 노동밀도와 업적은 비례한다

일반적인 경우, 일본에서의 경영 업적은 단위 면적당의 노동투자, 상품투자, 설비투자가 높은 쪽이 잘 된다. 이것을 소매점에 해당시켜 보면, 어느 정도까지는 단위 면적당의 상품량과 노동량이 많은 쪽은 성적이 좋아지게 된다.

③ 도망치는 전략, 가격 전략은 어렵다

심하게 경쟁하는 점포가 존재하는 경우, 그곳에서 도망치거나 상대편의 결점을 찾는 경우에 흔히 있는데, 상당한 능력과 재능이 없는 한, 이와 같은 방법은 채산상 수지가 맞지 않는다. 역시 대중이 원하는 것, 동업자가 좋은 성적을 올리고 있는 것을 정공법(正攻法)으로 취급하는 것이 제일 좋다.

④ 시장에서 사들일 때는 판매담당자가 구매권을 가져야 한다

어떠한 장사든 파는 시장과 사들여 오는 시장의 경우가 있다. 파는 시장일 때는 조직 내부의 주도권은 구입담당자인 것이 상식이지만, 사오는 시장일 때의 주도권은 판매담당자가 갖지 않으면 안된다. '시장밀도'와 '일하려는 의욕' '로스율 저하' 등 때문에 이것은 지상명령이 된다.

이제부터 일본의 소매업계는 당분간 사들여 오는 시장이 계속

될 것이다. 원칙적으로서는 판매담당자가 구입권을 지닌다. 구입·판매의 일체화(一體化) 주의가 필요하기 때문이다.

⑤ 전문점보다 종합점, 소매점보다 대형점 쪽이 경쟁력이 강하다

현재 전문점 시대가 도래했다고 하는 것은, 일부의 전문점 쪽이 대형 종합 점포보다 사람과 상품에 있어서 밀도가 높고 그 때문에 좋은 성적을 올리기 때문인데 마크로적으로 보면, 전문점 시대가 결코 아닌 것 같다. 손님은 여러가지 상품이 있는 점포, 이른바 종합점이나 대형백화점을 좋아하므로, 대형 종합점이 전문점과 똑같이 사람과 상품 밀도를 부가하게 되면, 대답은 이미 분명한 것이다. 그러므로 경쟁력은 대형점, 종합점포 쪽이 강하다는 것을 원칙적으로 알고 있어야 한다.

⑥ 구입과 판매는 손님과 가장 가까운 사람이 맡는 것이 최고

소매점은 손님과 가장 밀착(密着)된 점포다. 특히 제공하는 상품을 손님이 모르고 있으면 커다란 손실을 낳게 된다. 기호상품이거나 유행중인 패션 상품 등에서는 더욱 그러하다. 그래서 소매점 운영에는 다음과 같은 타당한 원칙이 있다. '경쟁이 격렬해지거나 유행상품을 취급하는 경우, 손님과 가장 가까운 사람이 구입을 해오고, 바로 그 사람이 판매하는 것이 최고'라고.

⑦ 상품의 인기는 상품의 '양, 수, 질'로서 결정된다. 그 중에서도 전문점은 수(數)가 중요한 포인트이다

앞으로의 장사는 첫째 인간력(力), 둘째로 상품력이다. 인간의 힘이란, 대내적으로는 운영능력, 대외적으로는 경쟁력이며 이것은 누구나 이해하겠지만, 문제는 상품력, 손님에게 인기있는 물건을 갖추어 놓는 것을 상품력이라고 한다. 그리고 그러기

위해서는 양＝점포 재고량(店鋪 在庫量), 수＝아이템의 수, 질＝
상품질(質의 上下수준)이 승부를 결정한다. 물론 이들의 양,
수, 질은 적은 것보다 많은 편이 좋다. 이 중에서도 매장이 좁은
전문점에서는 어떻게 하여 아이템의 수를 잘 갖추어 놓는가가
경쟁 대책상의 중요한 포인트가 된다.

2. 패션 전문점의 특성

표 17에서 제시한 것처럼, 전문점은 그 시대의 유행을 먼저
리드하는 점포이다. 일반적으로 머리가 좋지만, 자금력이 크지
못한 사람들이 추진하는 업태의 하나로, 이들 역시 자금력만
있으면 대형 총합백화점의 길을 걷는 것이 훨씬 낫다는 것을
인식해 주기 바란다(여기서 말하는 총합점이란, 전문점이 총합화
된 것을 말한다. 예를 들면 이케부르크로(池袋)에서 참신한 형태
의 백화점 운영에 나서 주목을 받고 있는 니시부(西武) 백화점의
상품 정책은 집합된 총합화가 아니고 전문화 된 개개의 계획적
인 총합화이다).

〈표 17〉 최선의 소매 형태

재능지혜 ＼ 자금	있다	없다
있다	총합점(대형점) ∥ 시류 적응	전문점 ∥ 시류의 선취(先取)
없다	디스카운트 점포 ∥ 시류를 뒤좇음	

따라서 전문점은 '현재와 가까운 미래'를 점포 연출과 상품
연출에 활용하여야 한다.

　일반적으로 가까운 미래를 취급하는 것을 패션적이라고 하며, 그것은 '볼품은 있지만' 위험성이 커서, 평균하여 생각한다면 기업으로서는 채산성이 별로 좋은 것이 못된다.

　또한 가까운 미래를 취급하는 이상, 무엇보다도 육감과 센스가 요구된다. 이 육감(六感)과 센스가 좋은 사람이 없으면, 전문점 운영은 우선 100％ 실패하게 마련이다. 육감과 센스란 어느 정도의 수준 이상인 사람이면, 남보다 몇배 노력함으로써 노력 이상의 큰 효과가 몸에 붙게 된다.

　보고 듣고 비교하고 실험하는 일을 반복하고 많이 하면 할수록 센스와 육감은 개발된다. 이 보고 듣고 비교하고 실험하는 일을 좋아하는가의 여부가, 전문점 종업원 채용의 중요한 포인트라고 할 수 있을 것이다.

　여기까지 말해 온 것처럼, 전문점의 장사 상법은 당연히 위험이 큰 것을 취급하지 않을 수 없다. 자금이 없고 머리가 좋은 사람, 재능이 있는 사람이 하는 상법이므로, 이것은 당연한 귀결이 된다. 위험이 큰 것을 어느정도 낮게 하고, 높은 마진을 얻기 위해서는 앞서 말한 것과 같은 탁월한 센스와 육감이 필요하다. 그러나 센스와 육감은 계속적으로 연마하지 않으면 이내 둔해져 버린다.

　여기에는 '좋아'하지 않으면 성과가 없는 인과율이 작용하는 것으로, 좋아한다 → 노력한다 → 좋은 성적을 얻는다 → 보다 더 좋아진다고 하는 순환이 이루어지지 않으면 안된다. 따라서 전문점 운영은 자기 직업에 매력을 느끼는 사람들의 노력에 의해서 유지되는 상법이라고 해도 지나친 말이 아니다.

　이런 전문점 중에서도 패션 전문점은 기업적인 발상으로 본다면 보다 위험하므로, 비교적 좋아하는 사람들의 인간적인 노력에 의존하지 않으면 안된다. 유행이나 변화에 대한 소비자의 의식변

화에 즉각적으로 대응하지 않으면 안된다. 물론, 비관적인 것만
은 아니다. 패션이 아름다움을 구하는 행동인 이상, 미적 추구의
단계적인 변화를 인식하고 있으면 된다는 점과 유행이나 변화의
사회학적, 심리학적 변천이 여러 가지 면에서 규격화 되고 있다
는 것이 커다란 도움이 된다고 할 수 있다.

　이런 것들을 감안하여 패션 전문점을 개설할 때에 필요한 특성
을 여기에 열거하기로 한다.

① 무엇보다도 위치설정을 중시할 것

　패션은 어디에나 존재한다라고 말할 수 있지만 전문점으로서
장사를 하는 이상, 최대 다수의 사람들이 패션을 느낄 수 있고
또한 편리한 곳에 점포를 마련하지 않으면 안된다. 미적인 요
소, 레저 요소, 교통 요소, 이미지 요소가 한데 어울려 있는 곳이
패션 전문점의 가장 좋은 장소가 될 것이다.

　예를 들면 인구가 적은 곳이라고 하더라도 스즈야(鈴屋)의
가루이자와(輕井澤) 벨코몬스는 이 4가지 요소가 멋들어지게
어울려서 성공하였다. 이번에 가고시마(鹿兒島)의 요지로가하마
(與治郞が浜)에 마련된 패션센터의 성공 여부는 이곳에 미적
요소와 레저 요소가 충분하므로 교통 요소와 이미지 요소를 어떤
식으로 부여하는가에 달려 있을 것이다.

② 상권은 넓으나 손님은 목적구매(目的購買)를 하지 않는다

　고후(甲府)시의 중심 상점가에 '아카시야'라는 부인 양품 전문
점이 있다. 그런데 이 점포의 지점이 본점으로부터 50미터도
떨어져 있지 않은 오카시마(岡島) 백화점의 2층에 있으며, 여기
서 인 숍(in shop)의 형식으로 코너를 개설하고 있다.

　자기 점포끼리의 경쟁이라고 성질이 급한 사람들은 떠들겠지

〈표18〉 상품의 그레이드

손님의 욕망	포인트	그레이드	최선의 판매방법
생리적 욕망	살아가기 위해 필요	Mass(매스)	셀프
경제적 욕망	싼 것이 좋다		
사회적 욕망	남하고 평균적인 것이 좋다	Mass Fashion (매스패션)	측면 판매
문화적 욕망	개성적이고 싶다	Fashion (패션)	대면 판매
심리적 욕망	혼자만의 것이었 으면 싶다	Mode (모드)	모드 판매

만 2개 점포가 다 같이 뛰어난 매상을 올리고 있다. 또한 스즈야는 한큐(阪急) 3번가에 매상고가 좋은 점포를 가지고 있다. 그런데 4월에 한큐 3번가와는 바로 코 앞에 있는 오사카 마루 빌딩 안 또 하나의 점포를 오픈시켰다. 그런데 이 역시 그 점포가 다 좋은 매상을 유지하고 있다.

이와 같은 예는 수도 없이 많을 정도이다. 이른바 패션 전문점의 상권은 넓은 것이다. 손님은 먼 곳에 사는 사람들인 경우가 많다. 그렇지만 그들의 대부분은 갔었던 그 곳에 마침 그 환경과 자신에게 알맞는 점포가 있었기 때문에 그곳에서 물건을 사는 것이다. 한큐 3번가와 오사카 마루빌딩은 바로 코 앞이지만 그곳을 찾는 사람들의 계층은 완전히 다르며, 환경도 매우 다르므로 자기 점포끼리의 경쟁이라고 걱정할 필요는 우선 없다고 할 수 있다.

③ 판매원과 손님의 일체화가 무엇보다도 중요

상품에는 그레이드(grade)가 있다. 이것을 표18과 같이 표준으로 제시하였다. 이 중의 모드 상품과 매스 상품은 판매원과 손님이 일체화 하지 않아도 팔린다(물론 일체화 하는 것만큼 좋은 것은 없다). 그러나 패션 상품과 매스 패션상품은 판매원이 손님의 입장이 되어, 손님과 융합되야 비로소 상품이 팔리는 것이다. 젊은이들을 위한 매장에서는 동료의식을 싹트게 하는 것이 중요한 포인트이며, 성인용 매장에서는 친근한 어드바이저로서 판매원이 되었을 때, 비로소 손님은 물건을 사가지고 가는 것이다.

④ 선취상품(先取商品), 잘 팔리는 계통의 물건을 갖추어 놓는 것이 승부수

패션 사이클은 일반적으로 짧은 것이다. 부인용의 의류품 등에서는 일본이라고 하는 커다란 상권을 상정한다고 하여도 사이클이 짧은 패션 상품일 경우에는 불과 28일로 사라져 버리는 것이 상당히 많다.

그렇지만 이와 같이 사이클이 짧은 상품을 재치있게 취급하는데에 패션 전문점의 특색이라든가 운영의 포인트가 있다고 할 수 있는 것이다. 그러기 위해서는 패션 상품의 취급비율이 증가하면 증가한 만큼 이에 대응할 수 있는 시스템이 필요하게 된다. 특히 구입담당자, 구매처, 구입 빈도, 구입 시스템 등이 키포인트가 된다. 이에 대해서 다음과 같이 말할 수가 있다.

A : 손님에게 제일 가까운 사람, 장사(패션)하는 일이 좋아서 견딜 수 없는 사람. 이런 사람이 판매담당에는 가장 적합하다. 이 사람에게 원가의식, 장사의 구조 등을 가르쳐 주고 구매까지도 맡겨 버린다. 이것이 가장 좋은 물품구매를 위한 시스템이다. 또한 구매담당자는 계통을 알아야 되고

손님의 기호를 알수 있는 능력이 필요하다.

　그러기 위해서는 센스와 육감을 키워 나가지 않으면 안된다. 많은 동업 점포나 구매처를 돌아다니며, 보고 듣고 규격화 할 수 있어야만 한다.그런 의미에서 구매처도 많으면 많을수록 좋다.

B : 구매처에 대해서는 성화를 부려야 한다······ 라는 의견이 있다. 그렇지만 이는 잘못된 생각이다. 구매처 중에서도 주요 거래처에 대해서는 야단을 쳐도 좋지만, 일반 구매처에 대해서는 어떤 일이 있어도 신경질을 부려서는 안된다. 왜냐 하면 손님이 요구하는 모든 상품을 모아 오는 것이 소매점의 운영 포인트이며, 이는 전문적인 경우에도 마찬가지이다. 상품에 대해 성화를 부리기 보다는 손님에게 그렇게 하는 것이 앞으로의 전문점의 판매방법이라고 할 수 있다.

C : 구입 빈도는 많으면 많을수록 좋다. 나는 '1주에 한번 밖에 구입하러 가지 않게 되는 구입처는 구입처라고 할 수 없다'고 지도하고 있다. 많은 구입처에 대에 주 1회의 비율로 사입하러 가는 것도 큰 일이지만, 도쿄나 오사카에서는 하루에 30개사 정도의 구입처를 찾아다니는 것은 베테랑 구입담당자라면 모두가 실천하고 있는 일이다. 구입처도 많고, 구입 빈도가 높아야만 육감과 센스가 키워지며 잘 팔리는 상품을 확보할 수 있고, 또한 손님을 앞서가는 방법이 가능한 것이다.

⑤ 착상(着想)과 개성이 필요

현재 손님이 원하고 있는 것은 ① 제3자에게 이야기하고 싶어지는 일종의 색다른, 마음 훈훈해지는 서비스 ② 하나하나에

특징이 있으며, 다른 상품과는 뭔가 차이가 있는 상품(점포)이다. 그러기 위해서는 점포나 상품이나 그리고 서비스 면에서도 어떤 주장이나 개성이 필요하다.

지난날 내가 나가노(長野)시에 볼일이 있어 갔을 때, 고메이칸(五明館)이라는 여관에 투숙하였다. 젠고지(善光寺) 바로 남쪽 나가노 역 앞으로 통하는 메인 스트리트 서쪽에 있는 오래된 여관이었다. 이 여관에서 나는 오랫만에 서비스의 본질을 경험한 것 같은 생각이 들었다.

이 고메이칸에서는 바지와 함께 손수건까지 빨아서 다림질까지 해주었다. 아침식사 때에는 그 날의 일기예보를 정확하게 종이 쪽지에 적어 살그머니 식탁에 곁들여 주었다. 그리고 무엇보다도 탄복한 것은 추운 2월에 투숙한 탓도 있지만 구두가 따스하게 덥혀 있었던 일이다.

이런 서비스를 받으며 고메이칸에 투숙한 하룻밤을 회고하면서, 그야말로 얄미울 정도로 마음을 써주었던 것에 탄복한 나머지 3월 이래 강연이 있을 때마다 이 일을 선전하였다. 한달에 평균 10여 일의 외박하기를 10여년, 온갖 일류 호텔 또는 일류 여관에 묵은 경험이 있는 내가 제3자에게 말해 주고 싶을 정도였으므로 일종의 색다르고 따스해지는 서비스라는 것은 기쁘기 그지없는 일이었다.

그리고 이것이야말로 전문점의 본질이라고 생각한다. 패션 전문점은 보다 정감에 호소하는 것을 높이 평가하는 점포인 만큼, 이와 같은 일종의 색다른 마음과 훈훈해지는 서비스는 필요하다고 할 수 있다.

그런데 이와 같은 차이점, 개성화를 위해서는 무엇보다도 착상(着想)이 필요하다. 콘셉트(Concept)라는 것을 직역하게 되면 '개념' '구상'이라는 의미인데, 한 점포의 '의지'나 '주장'이라고 생각하는 것이 이해하기 빠를 것이다. 점포 조성의 기본방침이라고 생각해도 좋다.

3. 체인 스토어로서의 패션 전문점

일본에서 톱 클라스의 전문점들은 대부분이 다점포(多店舖)주의를 전개하고 있다. 그리고 그러한 전문점의 사장님은 '체인 스토어를 목표로 하고 있습니다'라고 대체적으로 예외없이 고백하고 있다.

체인 스토어 이론은 표준 점포를 체인화 하고 이에따라 많은 이익을 비롯하여 집중 이익과 관리 이익을 추구하는 이론이다. 개성적이고 차이점이 있으며 더구나 손님의 요망에 부응된 모델 점포가 있고, 이를 표준 패턴으로 균일하게 적절한 점포를 체인화 하면 집중 이익과 관리 이익을 크게 추구할 수 있다.

그러나 일본에서는 순수한 체인 스토어 이론이 소매업의 경영 풍토로 볼 때 성립되지 않는다. 그 이유를 한 두 가지 들게 되면, ① 지나칠 정도로 지역성이 많다(표준 점포에서는 균일한 위치 선정이 어렵다) ② 경쟁이 지나치게 치열하다(동업자 중 첫번째 점포 이외에는 운영 채산이 맞지 않으며, 이들 첫번째 점포 역시 모방이 많고, 톱 클라스인 전문점의 표준 체인점이라고 하여도 간단히 점포나 상품을 포용해 버린다. 표준점은 첫째 가는 점포가 아니면 운영이 어렵다) ③ 종업원이 독자성을 지나치게 발휘하고 싶어 한다. (순수한 체인 스토어 이론에서는 본부 기구의 지시대로 점포의 종업원이 움직이도록 의무화 되어 있지만, 일본사람은 계약이나 명령으로 움직이기 보다 '일해 보려는 의욕'으로 움직이려 한다. 또한 '일하려는 의욕'으로 움직이지 않으면, 조금 경쟁이 격렬해지면 경쟁에 저버리고 만다)……

등이 된다.

그래서, 일본에서는 일본적인 체인 스토어 밖에 될 수가 없다. 그것은 ① 기본 방침과 똑같은 점포를 다점포 전개한다. ② 기업으로서의 오리지널성(性)을 지닌다. ③ 본부 기구를 만들어, 가능한 한 집중 이익, 관리 이익을 추구한다. ④ 점포의 독자성, 점장(店長) 권한을 강화시켜 지역 밀착, 손님에게 밀착하며, 나아가서는 종업원의 의욕을 끌어내어 경쟁에 지지 않도록 한다…… 와 같은 것이 된다.

패션 전문점은 지금까지 말해 온 것처럼 ① 손님과의 밀착, 지역 밀착이 무엇보다도 필요하다. ② 종업원의 '일 하려는 의욕'=센스와 육감=손님과의 일체화에 의지하지 않으면 안될 업태이다. ③ 상세한 것을 잘 살핀다=빠른 변신(變身)이 가능한 사람이 된다. ④ 기업으로서의 크기가 역시 상품 구입, 권위, 신용, 정보 등에 크게 도움이 된다…… 는 것들이다.

이러한 의미에서 순수한 일본적인 체인화는 전문점 전개에 있어서 역시 올바른 방향 설정일 것이다. 이러한 경우, 어디까지나 점포의 독자성=점장인재(店長人材), 점포 권한의 강화가 아무래도 최대의 포인트가 된다는 것을 무엇보다도 잘 알아둘 필요가 있다.

4. 단독 대형 점포로서의 패션 전문점

소매점의 대형화 경향은 그것이 상품력의 강화와 연결되며, 손님의 요구에 맞고, 경쟁 격화시대에 살아 남을 수 있는 하나의 정공법(正攻法)인 만큼 앞으로도 더욱 더 박차를 가할 것이다.

여기서 소매업이 한 지역시장에서 소상권형(小商圈型)의 존재(패션 전문점의 상권은 넓다. 그러나 전국 시장이나 세계시장에

서가 아니고 소매상인 이상, 마크로적으로 보면 소상권형이다)
라는 것을 전제조건으로 한다면, 경쟁상으로 봐서도 패션 전문점
이라고 하지만 단독 대형 점포의 길을 걷는 편이 체인화 보다
올바른 것이 아닐까…… 하는 이론도 성립된다.

그리고 나는 이 이론을 긍정하고 싶은 것이다. 나가자키(長
崎)의 다나카야(여성 패션의 대형 단독 전문점), 후쿠오카(福
岡)의 후다(신사 패션의 대형 단독전문점) 등의 성과 등을 그런
대로 평가하고 싶다. 그러나 이것도 일본식 체인스토어 이론과
연관시켜 지역 밀착형의 대형 표준 점포 조성의 모델로서 보게
되면, 좀 더 잘 이해가 될 것 같은 생각이 든다.

역시 일본에서의 소매업 전개는 결론적으로 그것이 전문점이
거나 총합점이거나 첫째번 점포의 다점포화 시대이며, 점포의
권한을 강화한다는 것이 될 것이다.

제 8 장 패션 전문점의 전개(2)

— 상품 구성론=원칙이 제일 중요하다 —

나는 경영에 있어서는 패션 지향이 중요하다고 생각한다. 이에 대해서는 지금까지 이미 강조해 왔지만, 그 최대의 이유는 패션 지향이라는 것은 그 자체가 시류(時流) 적응지향이라고 할 수 있기 때문이다.

경영이란 시대적인 흐름에 기업체를 합치시키는 일이다. 기업체로 하여금 시대적인 흐름에 합치시키는 일이 우선 불가능한 현재, 기업으로서는 시대적인 흐름에 적응시키는 일이 최선의 경영법이 된다.

패션이 '현재와 가까운 미래'를 지향하는 것이라고 한다면, 패션지향의 중요성을 이해할 수 있을 것이다.

그런데 패션에 대해서 이해하는 나 역시도 전문점에 대해서는 그다지 쉽게 이해한다고 말하지 않는다.

수년 전부터 '전문점 시대가 왔다'고 매스콤에서 떠들고 있는 것은 넌센스라고 계속 주장해 왔으며, '전문점이 돈을 번다'고 해도 그것은 몇 안되는 상위권의 몇 개 전문점 뿐이며 거의 모든 전문점은 결코 돈을 버는 게 아니라는 것을 신문지상이나 잡지 혹은 책을 통해 역설해 왔다.

기업의 발전사 혹은 성장 프로세스에서 볼 때도 전문화는 패전

사상(敗戰思想)이며 축소 프로세스라는 것을 잘 알 수가 있다.

표 19는 기업의 성장 프로세스를 나타낸 것인데 어떤 기업도 출발시는 지방에서 단일품목을 취급하는 업종이었다. 그것이 힘이 생기고 인재와 자금이 마련됨으로써 도시에서는 총합 품목을 취급하는 업종을 목표로 성장하였다. 이것을 이론화한 것이 나의 이른바 '능력에 상응(相應)한 일등론(一等論)'이다.

〈표 19〉 기업의 성장 프로세스

지방에서의 단일품목 취급	→	지방에서 복합품목 취급
↓		↓
도시에서 단일품목 취급	→	도시에서 총합품목 취급

〈표 20〉 마케팅이란?

① 경쟁이 없는 분야에 참여한다
↓
경쟁 격화
↓
1등만이 채산상 손해를 보지 않는다

② 결국은
능력에 따라
첫째가 } { 상권
된다 상품 } 을 선택하는 것이
손님 } 마케팅의 기본이 된다

③ 이 경우, 능력이 있으면 상권이 커지고,
상품은 총합화 되며 손님도 일반화 한다

④ 능력이 없으면 위의 반대가 된다

표 20에 표시했지만, 나는 마케팅이라는 것은 '능력에 따라 첫째가 되는 상권·상품·손님을 선택하는 일이다. 그리고 만약 능력이 생기면 상권은 넓어질 것이며 상품은 총합화하게 된다. 반대로 능력이 없으면 상권은 좁아지고 손님이나 상품을 구분하지 않으면 안된다. 왜냐하면 자본주의 체재의 사회에서는 경쟁의 원리가 작용하며, 경쟁이 없는 곳에서는 계속해서 새로운 동업자가 참여하게 된다. 결국 경쟁이 격화되어 일등이 아닌 업체는 이익을 얻지 못하게 된다. 따라서 계속해서 시대의 흐름에 부합되는 것을 생각하는 것과 마찬가지로, 안전을 위해 능력에 따라 일등이 될 수 있는 장소와 상품과 손님을 찾지 않으면 안된다'고 해설했던 것이다.

이러한 안목에서 전문점을 볼 때, 그것이 전문화를 지향하고 있는 점포라고 할 경우, '능력이 없으니까'라는 전제 앞에 설 수밖에 없는 것이다. 실제로 나처럼 백화점·대량판매점·전문점 등 온갖 업태의 소매업 실태를 직접 접촉하는 입장에 있으면, 전문점이란 '보기는 좋지만 수지가 맞지 않는 장사'라는 것을 잘 알 수가 있다.

따라서 나는 다음과 같이 말하고 있다.

"머리는 좋다. 재능도 실천력도 있다. 그렇지만 돈이 없는 사람이 하는 것이 전문점이며 이와 같은 기업 감각을 지닌 사람은 돈이 마련되면 전문점에서 종합점으로 탈피해야 한다"고. 또한

"기업 감각을 빼놓고 취미로 한다면 전문점이 재미는 있을 것이다"라고도 말하고 있다.

패션 전문점도 마찬가지다. 패션화 자체는 이미 말한 바와 같이 시대적인 흐름에 맞고 결코 나쁜 것은 아니다. 그러나 전문점이라고 하는 이상, 그것은 능력은 있지만 돈이 없는 사람이 한 시기, 성장을 위한 프로세스로서 어쩔 수 없이 하고 있는 업태

인 소매업이라고 나는 파악하고 있는 것이다. 그러한 사고방식으로 이론을 추진한 것이므로 오해가 없도록 읽어주기 바란다.

1. 패션 전문점의 위치

어떠한 상품, 어떠한 산업이든 사람의 인생과 똑같이 태어나서 죽을 때까지의 일반적인 경향을 지니고 있다. 그것이 표 21에 제시한 하나의 패턴이다. 그리고 표 21에 해설한 것이 일반적인 견해이다.

〈표 21〉 상품의 소비 패턴

1. 도입기 ⎫ → 모드 상품	
2. 성장기 ⎭ → 패션 상품	
3. 침투기 ⎫ → 매스 패션 상품	
4. 쇠퇴기 ⎭ → 매스 상품	
5. 멸망기	

해설
① 패션 전문점에서는 패션상품(도입기와 성장의 상품)을 취급하지 않으면 안된다.
② 패션 종합점포에서는 모드 상품으로부터 시작하여 패션 상품과 매스 패션 상품(도입기, 침투기까지의 상품)을 취급한다.
③ 일반적인 종합 점포에서는 도입기 이외의 전 상품을 취급하는 것이 상식이다.
④ 모드 전문점은 도입기 상품만을 취급하는 점포이다.

나의 마케팅관(觀)에서 보면, 패션 전문점보다는 패션 종합점포 쪽이 경영 채산상 상위에 위치하고 있으며, 패션 종합점포와 일반 종합점포에 대해서는 시류에 따라 체질에 따라 미묘하게 위치가 바뀌게 된다. 물론 패션 전문점보다는 일반 종합점포 쪽이 상위에 위치한다는 것을 새삼 말할 필요가 없다. 또한 이 표에서 분명한 것은 패션이 '현재와 가까운 미래'를 추구하는 것이라면 패션을 지향하는 이상, 패션 전문 점포가 아니라 패션 종합 점포를 운영함으로써 비로소 패션 지향의 이익이 생기게 된다.

앞에서도 조금 언급했지만 스즈야(鈴屋)가 중심이 된 아오야마(靑山) 벨코먼스는 패션 쇼핑 센터이다. 그것은 패션 종합점포라고도 말할 수 있으며, 그곳에서는 각각의 점포 임대인(賃貸人)이 매스패션 상품까지 대담하게 취급하지 않을 수 없게 될 것이다. 그렇다기 보다는 모드 상품에서 패션 상품, 매스 패션 상품까지 취급함으로써 비로소 고객을 만족시켜 줄 것이며, 나아가 기업적 지위가 전진했다고 할 수 있을 것이다.

2. 일본에서는 패션 종합 점포가 환경에 맞는다

일반적인 종합 점포와 패션 종합 점포는 경영 채산상 어느 쪽이 상위에 위치하는 가는 때와 장소에 따라 다르다고 말했는데, 앞으로 얼마동안 일본에서는 패션 종합 점포 쪽이 환경에 적합한 것처럼 생각된다.

이유는 여러가지가 있다.

(1) 우선, 지금의 일본 사람은 고도성장 시대를 경험하고 있다. 모양이 좋은 점과 멋의 즐거움을 알고 있다. 그리고 장래에 대한 불안에 고민하고 있다. 이와 같은 불안감이 공감을 요구하고 있다. 따라서 현재는 ① 모양을 좋아하는 시대이며, ② 공감의 시대이다.

필수품은 ① 모양이 좋은 것이거나, ② 공감이 따르는 품질이 좋은 것밖에 팔리지 않으며, 선택품은 역시 ① 모양이 좋은 것이거나, ② 공감이 따르는 일종의 색다른 것에 인기가 집중해 있다.

이같이, 모양이 좋은 점이라든가 공감은 일반 종합 점포보다 패션 종합 점포쪽에 승리의 깃발이 오르게 된다.

(2) 지금의 일본 사람은 고소득자이다. 더구나 높은 교육을 받고 있으며, 1억 인구가 다 같이 엘리트 의식을 가지고 있다. 그들의 물건 사는 방식은 강하 결정(降下決定)이다. 강하결정이란 고가격 상품부터 먼저 보고 자신에게 맞는 것을 아래로 선택해 나가는 결정법을 말한다. 이런 점으로 봐서도 패션 종합점포쪽이 유리할 것이다.

3. 일본의 전문점은 종합점포형의 선택이 유리하다

그런데 일본의 소비자는 전문화를 별로 좋아하지 않는 것이 아닌가 하고 생각할 때가 있다. 최근에 MFU(Men's Fashion Unity)의 세미나에 언제나처럼 강사로서 참가했는데, 그 때 이시즈 겐스케(石津謙介 ; MFU 이사장)씨의 사회로 나와 나쓰가와(夏川) 미칼레티 부사장, 가와무라 산보(川村三峯) 사장이 공개 토론을 가졌다.

주제는 '앞으로의 소매업'이라는 것이었는데, 이 자리에서 산보(三峯)의 가와무라 사장은 "신사복 매장에 부인용을 같이 진열했더니 매상이 향상되었다"고 이야기하였고 미칼레티의 나쓰가와 사장도 "미카맨이라는 신사복의 선전은 한때 부인잡지에만 하였다. 이것으로 상당한 효과가 있었다"고 말하였다.

이유에 대해서는 여러가지로 생각할 수 있지만 어떻든 간에 이것저것 물건을 혼합하는 것이 소매점의 매상에 도움이 되는 것은 틀림없다.

예를 들면, 신사 용품만으로 50평방 미터의 매장을 가지고 있었던 A점포에 증설하여 30평방 미터의 부인용 매장을 붙여 놓았더니, 그 50평방 미터의 신사용 물건의 매상이 몇 %는 확실히 올라갔다고 한다.

지방의 의류 종합 점포에 불과 20평방 미터의 식품 매장을 붙이게 되면 의류품의 매상고도 30 % 이상이나 올랐다는 실례는 얼마든지 있다.

또한, 50평방 미터의 신사용품점과 이와 별도로 그 옆에 20평방 미터의 부인용 매장을 붙여 그 업적을 비교하면 거의 동일한 조건인 경우 분명히 후자인 신사용품점 쪽이 전자보다 높은 매상을 올리게 된다.

내가 일본의 소매업에서 구분한 점포나 전문점은 매우 경영이 어렵다…… 고 생각하는데 이같은 많은 이유가 있는 것이다.

다른 면에서 이것을 관찰해 보기로 하자. 일본에는 주간지라고 하는 세계에서도 드문 정기 간행물이 있다. 이 주간지의 판매부 수를 조사해 보면, 전문지보다는 종합지가 압도적으로 많다.

경제보다 여성 전문지보다 또는 만화 전문지 보다, 섹스 전문지 보다, '딱딱한 기사로부터 부드러운 기사까지' 온갖 기사가 뒤섞인 종합지 부수가 압도적으로 많으며, 더구나 전문지와의 격차가 벌어지고 있는 것이 현실적인 실태인 것이다.

일본인의 기호, 그것은 여러 가지가 혼합된 복합형=다품종형 종합 점포라고 해도 결코 다르지 않은 것이다.

더구나 앞서 말한, 모양이 좋은 것과 공감(共感) 그리고 남보다 앞서 상품을 사는 성격이 패션 종합 점포를 일반 종합 점포보다 다소라도 유리하게 만든다는 것이 객관적인 인식이라고 해도 좋을 것이다.

따라서, 일본의 패션 전문점의 상품 구성법도 그저 원칙적으로 패션상품(도입기와 성장기 상품)만을 취급하는 것보다는 패션 종합 점포같이 취급하는 편이 가능하다면 훨씬 유리하다고 할 수 있을 것이다.

4. 상품 구성에는 원칙이 있다

경영 컨설턴트 생활 수십년이라는 자신의 역사를 돌이켜 보면, 그 전반은 글자 그대로 '실패'의 역사였다. 그런데 1969년 경부터는 실패하지 않게 되었다. 실무면에서의 지도실적이 100% 성공과 연결되었다고는 보통 생각할 수 없는 일이기 때문에, 다소 자신도 어이가 없었는데 그 이유는, ① 자신이 없는 것, 100% 성공의 확신이 없는 일에는 손을 대지 않았기 때문일 것이다. ②이 자신과 성공에의 확신은 많은 것을 경험해 온 실례로부터 생긴 것이다. ③물론 나는 매우 호기심이 왕성한 사나이다. 사업과 관계가 없이 자기 책임으로 처리할 수가 없으며, 자신의 책임으로 처리할 수 있는 실생활 면에서는 온갖 가능성에 도전하여 줄곧 실패와 성공을 반복하고 있다. 다만 경영 컨설턴트라는 기업의 지도라든가 어드바이즈라는 일에 대해서는 매우 소심하고 성공에 자신이 없는 것에는 손을 대지 않았다. ④더 나아가서, 나의 자신감이 거래하는 기업의 사장이나 담당자로 옮아가 잘 설득할 수 있었고 납득해 주었으므로 이와 같은 자신감의 상승효과가 좋은 결과를 탄생시켰다고 할 수 있다.

그러나 냉정히 생각해 보면, 후나이식 경영법의 성공 비결은 모든 면에서 도망치거나 결점을 찾는 일 없이 정공법(正攻法)

으로 정면에서 부딪쳐 나간데 있다고 여겨진다.

많은 성과를 이룩한 상품 구성법도 그야말로 정공법의 성과라고 생각된다.

다음에 말하는 것은 후나이식 상품 구성법인데, 이것은 과거의 축적된 성공을 규격화 한 것이다. 지금은 하나의 원칙이 되어 있지만, 앞으로는 다소의 변경이 있을는지도 모른다 (나는 절대라는 것을 쉽게 믿지 않는 인간이다).

1) 집중의 원칙

어떤 상점가에서 소매업을 하는 사람이 '여기에서 어떤 장사를 하는 것이 제일 좋을까요'라고 질문을 한다면, 나는 즉시 다음과 같이 대답했을 것이다.

"만약 능력이 있으면, 그 상점가에서 제일 번창하고 있는 점포와 똑같이 하는 것이 제일 좋다. 능력이 없을 때는 자신의 힘으로 할 수 있는 범위 안에서, 가장 번창하고 있는 점포를 흉내내는 것이 바람직하다"고.

오이타(大分) 시(市)는 대형점포의 경쟁이라는 점에서는 일본에서도 유명한 도시이다. 그 고장 백화점인 도키하를 상대로, 다이에, 니시도모(西友), 자스코, 니치이, 나가자키야 (長崎屋)와 내셔널 체인이 공동으로 오이타(大分) 역전에서 대격전을 전개하고 있다. 그러나 결과는 도키하가 단연 뛰어난 좋은 성적을 나타내고 있고 기타의 대형 점포들은 고전 중이다.

그 이유는 이들 6개의 대형 점포가 역 앞의 반경 100미터 이내의 좁은 장소에 집중해 있기 때문이고, 도키하만이 뛰어나게 매장이 넓고 더구나 이 백화점의 상품 구성은 다른 대형 점포의 상품을 전부 포함하고 있는 것이다.

한곳에 집중해 있으므로 각 점포가 손님을 부르고 여기에 호응하여 모인 손님은 최종적으로 상품수가 가장 많이 진열된 도키하에서 물건을 사는 것이 되어 버린다. 만약 오이타시에서도 도키하만이 역 앞에서 1킬로 정도 떨어져 있다면, 지금과 같은 좋은 매상고는 기대할 수 없었을 것이다.

이와같이 상품 구성의 제1원칙은 이웃 점포에서 가장 잘 팔리는 인기 품목부터 취급한다. 더구나 이웃 점포의 인기상품 전부를 능가할 정도로 상품을 다 갖추어 취급한다. 만약 힘이 없을때에는 가능한 범위에서 인기 품목을 포함시켜 나가는 것이다.

이와 같은 상법을 집중의 원칙에 따른 상품 구성법이라 하는데, '손님은 동업하는 점포가 많은 그 장소에 집중되고, 더구나 그 중에서도 가장 장점이 많은 곳에서 물건을 산다'라는 행동원리를 규격화 한 것이다.

이것을 다른 견해로 보면, 동업자가 많이 있는 곳은 수요가 있기 때문이므로, 그 인기있는 수요품목을 가장 강화하면 결코 틀림이 없는 것이다. 이것이 바로 정공법, 정당한 공격법이다.

이와는 달리, 동업자의 강점(強占)을 피하거나, 결점을 찾아 노리는 방법, 이른바 '도망치는 상법'이나 '결점 탐색 상법'을 나는 우선 권장하고 싶지 않다. 전문점은 남보다 앞서 선수를 쳐야 한다. 그렇다고 해서 도망친다거나 결점을 노려서는 안된다. 왜냐하면 도망치거나 결점의 상법은 상당한 힘이 남아 돌아갈 때 밖에 성공하지 않는 것이기 때문이다. 옛날의 싸움에서도 퇴각이라는 것은 상당한 힘의 여유가 있거나 후원군이 강하지 않으면 대참패를 맛보았던 것이다.

2) 배분(配分)의 원칙

일반적인 사회 현상은 상한선(上限線)에서 중심, 그리고 하한 (下限)까지 그야말로 완만하게 배분되고 있다. 인간의 신장(키) 도 그러하며, 평균 165센티 미터라고 해도 150센티에서 180센티 정도까지 실로 완만하게 평균 곡선이 많도록 배분되어 있다. 지능지수도 그렇고 학교의 성적, 소득 분배까지도 평균치를 중심 으로 잘 배분되어 있는 것이다.

따라서 경영학에서 흔히 말하는 '결점의 효능' 등과 같은 것이 현실로 나타난다. 어떤 회사에서 성적이 나쁜 직원을 그만 두게 했더니, 이번에는 유능했던 직원 중에서 결점있는 사원이 나타나 기 시작하여 1년쯤 지났을 때는 모든것이 허사가 되었다고 한 다. 이른바 결점있는 사람이 있으므로써 여타는 유능하려고 노력 한다는 것이 ⁻결점의 효능인데, 상품 구성에서도 비슷한 것이 다.

인기 상품 1만엔을 중심으로 상하 20% 신축성이 있을 경우, 따라서 8,000엔에서 1만 2,000엔 까지인데, 그 상하의 상품을 없게 했다면, 아마도 그 상품(1만엔)은 거의 팔리지 않는 물건이 되어 버릴 것이다. 1만엔이 중심이라면, 밑으로는 5,000엔에서 위로는 3만엔이나 4만엔의 가격이 붙은 것도 있으므로 비로 소 1만엔 전후의 것이 잘 팔리는 것이다.

상품 구성은 이같이 자연 배분의 원칙을 따라야 한다.

경쟁관계인 경우나 개선의 경우, 자칫하면 잘 팔리는 것 이외 의 물건은 제외시키지만, 제외시키지 말고 새롭게 추가함으로써 자연 배분에 가까운 형태로 바꾸는 편이 훨씬 더 성적이 오르는 것이다.

이와 같은 상법을 나는 배분의 원칙에 의한 상품 구성법이라 말하고 있다.

3) 약자 학대의 원칙

란체스터도 말하고 있는 것처럼, 도전하는 목표와 당면된 경쟁자를 타도하는 목표는 다른 것이다. 항상 동업자 중 자기보다 다소 약한 경쟁자를 공격하고, 이를 항복시킴으로써 힘을 강화하며, 다시 자기보다 다소 약한 자를 공격한다.…… 이것이 약한 자를 공격하는 원칙이다. 잔인하게도 느껴지고, 아무래도 도의적으로 재미가 없지만, 이것이 경쟁의 원칙이다.

따라서 상품 구성에 있어서도, 자기 힘보다는 다소 약한 공격 대상을 포함시키면서 상품을 진열한다. 그렇게 하면 틀림이 없다고 할 정도로 좋은 성적을 기대할 수 있는 것이다.

4) 주력(主力), 준주력(準主力), 기타 상품의 원칙

경쟁중인 점포 중에서 가장 진열이 잘 된 상품을 주력 상품이라고 하는데, 어떠한 점포든 주력 상품을 하나 이상 갖지 않으면 안된다. 그러나 그것만 가지고는 장사가 되지 않는다(결점의 효능). 주력 상품이 될 가능성이 있는 상품=준(準) 주력상품이나, 주력이 될 만한 가능성은 없어도 갖추게 되면 손님이 좋아할 듯한 여러 가지 상품=기타 상품도 없으면 안된다…… 는 것이 '주력, 준주력, 기타 상품의 원칙'이다. 이에 대해서는 나의 저서인 《후나이 유끼오의 소매법칙》《실천 소매 세미나》 등에 자세히 설명했으므로 참고 바란다.

5) 패션 전문점의 상품 구성도 '상품 구성 원칙'에 따라

일본에서의 패션 전문점은 엄밀하게 말해서 패션 종합 점포화 (店舗化)의 길을 걷지 않을 수 없을 것이다(패션 종합 점포와 일반 종합 점포는 머지않아 구별할 수 없게 될 것이다).

따라서 패션 전문점의 상품 구성은 선취형(先取型)만을 주류 로 할 필요가 없다고 생각한다.

남보다 앞서는 선취(先取) 상품은 위험이 크다. 하이 이미지와 개성화 그리고 유행에 대해 예견할 수 있는 능력이 필요하며, 그러기 위해서도 선취 상품은 필요하지만, 대부분은 정공법으로 서 ① 집중의 원칙 ② 배분의 원칙 ③ 약자 확대의 원칙에 따라 상품을 갖추어 놓는 것이 좋을 것 같다.

이 상품 구성의 원칙은 거듭 말하지만, 도망치거나 결점을 노리는 것이 아니고 팔리고 있는 상품을 어떻게 진열하는가에 중점을 둔다.

팔리고 있는 상품을 진열할 수 있는 것이 일본의 패션업계를 포함한 소비자 업계의 실정이며, 이러한 경향이 앞으로 한동안 어쩔 수 없이 계속된다고 생각하는 이상, 전문점이라고 해서 지나치게 앞서 가지 않도록 하는 것이다. 이 '팔리고 있다'는 조건 플러스 '모양이 좋은 것과 공감의 연출', 여기에 패션 전문점에서 가장 중요한 '상품 구성'이 결정적이다.

제 9 장 앞으로의 패션 전문점

1. 물질적 경쟁에서 문화적 경쟁으로

1980년에서 1985년에 걸쳐 일본의 경제 환경은 크게 변화할 것 같다. 현재와 같은 물질적 경쟁 중심의 현상은 크게 후퇴하고, 경쟁 자체가 심리적, 문화적인 것으로 변화할 것으로 생각된다.

꼭 지금으로부터 8년쯤 전의 일이었다. 이탈리아의 밀라노에 있는 라·리나센티(이탈리아 제1의 백화점)의 본부를 찾아갔을 때, 동 백화점의 극동지역 담당인 로페라는 이사와 큰 논쟁을 벌인 일이 있었다.

논쟁의 시작은 나의 질문에서 비롯했다. 당시 이탈리아에는 '5인 위원회의 제도'가 있었다. 이것은 새로운 도매업이나 소매업을 개업하려고 할 때, '동업자 대표 2명, 고객 대표 2명, 그리고 지사(知事)나 시의 시장(규모가 큰 점포는 지사, 작은 것은 시장 등이 좋다) 이상 5명이 전원 일치로 인정하지 않으면 개업을 할 수 없다'는 제도를 말하며, 프랑스의 로와이에법(法)이나, 일본의 대규모 소매 점포법과 똑같이 경쟁 제한을 위한 하나의 규제였다.

"어째서 이탈리아에서는 이와 같은 법률의 존재를 허용해 두는 것입니까? 자유스러운 경쟁을 할 수 없으므로 기존의 점포는 손님에 대한 서비스를 잊게 되며, 생산성도 오르지 않을 것이므로 경제적으로도 큰 손해가 아닙니까?"

이것이 나의 질문이었다.

이에 대해, 로페씨의 대답은 이러하였다.

"신규 참가를 자유롭게 허용하는 것이 선(善)이라는 사고방식에는 승복할 수가 없습니다. 왜냐하면, 오랜 역사를 통해 사회생활에서 필요한 것들이 현실적으로 거의 적정한 상태로 만들어져 있다고 생각하면 될 것입니다. 소매업만 하더라도 대다수의 소비자에게는 만족하게 상품이 배분되고 있으며 또한 소매업자도 안정된 생활을 할 수 있는 데까지는 현재 와 있습니다. 더 이상 참가를 자유화 하면 반드시 물질적 경쟁이 격렬해질 것입니다.

그것은 ① 자원의 낭비를 낳게 되며, ② 소매업자의 생활이 위협을 받게 되고, ③ 물질적 경쟁으로 사람의 정신(마음)이 거칠어진다. ④ 결국, 소비자도 손해를 보는 것이 된다…… 는 것이 아니겠습니까? 지금 온 세계에서 일본 사람과 미국 사람을 싫어하는 것은 물질적으로 안정되어 있는 곳에 무턱대고 신규 참가로 경쟁을 불러 일으키고 혼란케 하기 때문이라고 해도 좋다고 저는 생각합니다. 당신도 머지않아 저의 말을 이해할 수 있으리라 생각하며, 세계 각국에서 물질적인 경쟁이 마음의 경쟁으로 발전하는 것도 그다지 먼 시간의 일이 아니라고 생각합니다만?"

이때부터 논쟁은 단계적으로 확대되어 2시간 이상이나 이야기를 나누었지만 결국 인생관의 차이, 역사관의 차이 때문에 이론만 내세우고 결말이 나지 않았다.

그러나 1973년의 오일 쇼크 후의 사회정세를 보게 되면, 사회적인 복지가 물질적인 경쟁에 의해 달성된다고는 생각할 수 없게 되어 가고 있다. 오히려 물질적 경쟁의 결점이 나타나면서 더욱 혼란스러운 현실이기도 하다.

　스위스의 소매업계, 그 중에서도 식품업계는 미글로에 의해서 과반의 시장이 독점되어 있다. 덴마크의 맥주 업계는 칼스베르그가 70％에 가까운 시장을 차지하고 있다. 이렇듯 한 회사가 과점 내지 독점하고 있는 실례는 유럽에서 수없이 많다. 그러나 스위스의 식료품이 다른 나라보다 비싼 것도 아니다. 덴마크의 맥주도 마찬가지이다. 맛이 나쁜 것도 아니다. 그런대로 다른 동업자들은 완전히 안심하고 안정된 장사를 계속하고 있는 것이다.

　한 회사의 독과점이 경쟁을 피하게 하고, 업계를 안정시키며 더구나 독과점 기업 자체가 그만큼 국민이나 소비자에 대하여 책임을 지게 된다……고 하는 하나의 방정식이 완성된다. 그리고 이것이야 말로 로페씨가 말한 결론과 같은 기분이 든다.

　실제로 물질적인 경쟁이 확대되면 그곳에는 많은 낭비가 발생한다. ① 자원의 낭비 ② 인지(人智)의 허비 ③ 생활의 낭비 등 부정적 요인이 우선 낭비로서 나타나게 된다. 그 정도로 끝나는 것이 아니다. 살기 위한, 승리를 위한 격렬한 경쟁은 마음을 거칠게 하고 남의 원망을 사게 되며, 인간성까지도 일그러지게 만들어 버린다.

　이런 것들을 생각해 보면, 역시 앞으로는 물질적 경쟁에 온 힘을 투입하는 것보다 마음의 경쟁, 문화적인 경쟁과 같은 것이 인간성이나 인간생활을 풍요롭게 할 것이므로 경쟁의 주체를 옮기지 않을 수 없을 것이다.

　나는 일본에서는 1980년부터 1985년 경까지 물질적인 경쟁이 끝나는 게 아닌가 하고 생각한다. 내 자신이 관계하고 있는 모든 업계가 재작년 경부터 맹렬한 물질적 경쟁의 시대로 들어갔다. 그것은 살아남기 위한 마지막 경쟁이라고 할 수 있을 정도의 것이었다.

　결국 경쟁이 없어지기 직전에는 보다 더 치열한 경쟁이 있으며, 그리고 안정된다는 경쟁의 원칙으로 볼때나 또는 사회적인 조건으로 봐서도 현재의 격렬한 물질적인 경쟁을 보다 새로운 시대를 향한 하나의 과정이라고 이해할 수가 있다.

아무래도 1985년에는 지금의 유럽처럼 몇사람의 독관점 기업과 대다수의 소매업자가 사이좋게 경제적인 질서를 지켜 나갈 수 있게 될 것이다. 그리하여 물질적인 경쟁에 쏟아부었던 에너지가 마음의 향상을 위한 경쟁이나 문화적인 경쟁으로 향하게 될 것이라고 나는 생각한다.

패션 전문점의 경우에도 이는 마찬가지이다. 현재로부터 수 년동안은 치열한 물질적인 경쟁의 시대일 것이다. 그러나 그로부터는 이와 같은 물질적인 경쟁이 급속하게 진정되고, 살아남은 전문점 사이에서는 안정의 시대가 도래할 것으로 생각된다. 물론 안정의 시대라고 해서 경쟁이 없는 것은 아니다. 다만 경쟁의 내용이 물질에서 마음으로, 그리고 문화적인 것을 향해 변화해 간다고 생각한다.

2. 돋보이는 점포에서 돋보이지 않는 점포로

매년 2회에 걸쳐 아리마(有馬)에서 개최되는 MFU 세미나의 준 상임강사로 언제부터인지 참가하게 되었다. 그 때문에 매년 1~2회 전국의 남성복 관계 디자이너(?) 들과 대화할 기회가 있었다. 그 때 단상에 서서 이들을 보게 되면, '일본의 패션업계가 급격하게 변했구나' 하는 기분이 든다.

그 이유를 간단히 말하면, 5년쯤 전 처음으로 MFU 세미나가 시작되었을 무렵, 참가한 남자들의 그 절반 가량은 수염을 기르고 있었다. 수염을 기르고 있는 사람들은 거의가 넥타이를 매지 않고 있었다. 상식적으로 봐서도 나이에 어울리지 않는 화려한 스타일이었던 것이다.

금융업계나 전력업계 및 철강업계 등의 세미나에도 곧잘 강사로서 참가하는데, 그것과는 전혀 다른 분위기가 MFU의 모임에는 있었다.

모임에 참가한, 한 사람 혹은 수명이 거리를 걷게 되면 길을 오고가는 사람들이 자기도 모르게 뒤돌아 보게 되는 기발한 모습의 디자이너들이었고, 이들이 패션업계의 리더들이었던 것이다.

나에게는 구미 각국에도 직물업계나 기성복업계의 디자이너로 있는 친구들이 많은데, 그들과 함께 쇼나 전시회를 곧잘 보러 갔었다.

패션 전문가가 보러 가는 이들 쇼나 전시회는 회장에 모이는 사람들의 복장을 보고 있는 것만으로도 정말로 즐겁다. 센스·유행·개성 등을 완전히 알 수 있다. 그렇지만 그들이 혼자 거리를 걷고 있어도 완전히 남들 속에 용해되어 그 누구도 뒤돌아 보지 않는 차림새였다.

일본에서 기모노(일본 재래의 의상)의 패션 쇼를 개최한 후, 모델이 그 옷을 그대로 입고 거리를 걸어도 아무도 돌아보지 않는다. 그러나 양장의 패션 쇼를 했을 때의 의상을 그대로 모델이 입고 거리를 걷게 되면, 그것은 눈에 잘 띄어 버리는 것이다…… 여기에 일본의 패션에 문제점이 있다고 할 수 있다.

나의 친구인 구미의 디자이너들은 곧잘 나에게 다음과 같이 질문하였다.

"일본에서 온 관광객과 보통의 일본사람을 비교하면 일본의 복장 디자이너들은 어째서 저렇듯 다른가 하고 생각하게 된다. 대부분 일본사람은 수염을 기르지 않고 있는데, 그들은 수염을 길렀고 구두도 모자도, 들고 있는 가방까지 다르다. 구미에서는 대중에 가까운 사람, 대중과 비슷한 사람만이 좋은 디자이너가 될 수 있는데, 일본에서는 도대체 어찌된 것인가?"라고.

그래서 5년 쯤 전에, MFU 세미나 석상에서 '여러분의 얼굴에서 수염이 없어지고, 여러분이 그대로의 복장으로 거리에 나갔을 때, 아무도 뒤돌아 보지 않게 되면, 그 때는 일본의 패션계가 상당히 발전한 것이 될 텐데요' 하고 풍자적으로 말했다.

그런데 금년의 MFU 세미나 석상에서 내가 발견한 것은 참가자의 남성 중 수염을 기른 사람의 수가 10%도 되지 않았다. 5년 전의 50%가 5분의 1로 격감해 있었으며 입고 있는 옷을 보아도 보통사람들인지, 디자이너들이 일반 사람들에게 동화하기 시작한 것인지 특별히 이상한 모습을 발견할 수 없었다.

일본의 패션업계는 이렇듯 눈에 보일 정도로 급속도로 '돋보이는(눈에 잘 띄는) 패션시대로 부터 용해되는 패션, 눈에 잘 띄지 않는 패션'으로 크게 변화해 가고 있는 것이다.

패션 소매점에 있어서도 마찬가지이다.

패션 전문점이란 기발한 것을 자랑하는 점포였다. 그러나 이제부터는 환경에 동화하고 올바른 인간성을 따르게 될 것이다.

예를 들면 천장이 검은 색과 빨간 색의 점포, 쾅쾅 하루종일 음악이 울려 귀가 이상해지고 정신상태를 묘하게 만드는 점포…… 이와 같은 이상한 환경이나 분위기의 점포는 사라져 가지 않을 수 없을 것이다.

손님이 즐거운 마음으로 물건을 살 수 있으려면 ① 낮고, 지나치게 고음이 아닌 무드 음악 ② 밝기도 천장이 10, 벽면이 5~8, 바닥은 4~6 정도의 광도(光度)(사람을 가장 장시간 안정시키기 위해서는 천장, 벽면, 바닥의 밝기는 이 정도가 제일 좋은 것으로 알려져 있다. 천장은 흰색에 가까운 광도(光度), 벽면은 조금 엷은 색, 바닥은 약간 진한 색이라는 것이 밝기의 하나의

기본이 된다)…… 등의 상식적인 점포가 패션 전문점의 장래의
모습일 것이다.

주위 환경에 완전히 용해되면서도 그 자체가 조금도 이상하지
않는 점포 조성, 여기에 앞으로의 패션 전문점의 미래 모습이
있는 것으로 생각된다.

3. 일반 고객 대상에서 단골 손님 대상의 점포로

현재의 패션 전문점은 일반손님 대상 점포와 단골 손님 대상의
점포로 분화되어 나갈 것 같다. 능력이 있는 점포, 능력이 생긴
점포, 기업으로서 발전하려고 하는 점포는 일반 손님을 대상으로
하면서도 마침내는 복합 점포, 종합 점포로의 길을 걸을 것이다.
이들은 이미 그 시점에서 패션 전문점이 아니라, 패션 복합점
포, 패션 종합점포인 것이다.

한편, 취미와 즐거움으로 사업하는 경영인 선조로 부터 물려
받은 점포, 생계유지를 위한 점포 등의 패션 전문점은 단골손님
을 대상으로 하는 점포로 급속히 바뀌질 것이다. 그 이유는 경쟁
이 심한 현재의 패션 소매업계에서 살아남기 위해서는 단골손님
의 확보 이외에 다른 방법이 없기 때문이다. 이들의 단골 고객
대상 점포들은 결과적으로 품목별 전문점 보다는 고객의 기호도
에 따른 전문점이 되지 않을 수가 없을 것이다.

여기서는 경영자의 개성이 강렬하게 나타나고 그러한 개성이
손님을 끌어들이는 점포와 반대로 단골 고객이 원하는 여러가지
상품들을 손님의 요망에 따라 진열하는 2개 타입의 점포로 구별
할 수 있을 것이다.

지금까지 말해 온 것을 도시(圖示)하면 표 22. 와 같이 된다.

〈표 22〉 전문점의 변화

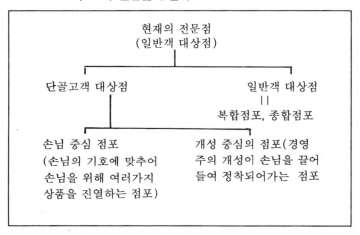

어떻든 앞으로의 패션 전문점은 당골 손님 대상 점포가 될 것이라 생각된다. 이와 동시에 현재의 패션 전문점의 대부분은 미래에 있어서도 내가 말하는 패션 전문점으로서 유지되는 일이 거의 없다는 것도 이해했으리라 여겨진다.

이제부터는 일반 패션 전문점의 장래 방향인 패션 종합점포, 복합점포의 이야기를 해 나가기로 한다. 왜냐하면 독자 중에는 '이것이야말로 패션 전문점'이다 라고 이해하는 사람들이 많이 있을 것 같은 생각이 들기 때문이다.

'패션화(化)의 조건에는 '보다 아름답게'라는 한 항목이 있다. 그러기 위해서는 보다 여러 의상재료가 모여 그림이 되지 않으면 안된다. 이것을 조화(調和)라고 부른다'…… 이상은 토털 패션과 코디네이트 패션을 설명할 때 내가 곧잘 사용하는 말이다.

나는 매년 한 번씩 진짜 여행을 한다. 마음에 맞는 몇명의 친구

와 온 세계안의 진짜를 보면서 걸어다니는 것이다. 진짜라는
것은, 나의 말로 '진·선·미를 모두 갖춘 것'이 되며, 때와 장소
에 관계없이 누구의 눈에도 이것은 진짜다 라고 이해될 수 있는
것이다.

5년 쯤 전에, 세계에서도 최고의 호텔이라고 하는 스코틀랜드
의 그레인 이글 호텔에 투숙했을 때의 일이다. 약 100만 평이라
고 하는 이 호텔의 부지 안에는 4개의 골프 코스 이외에 멋있는
정원이나 공원이 있다. 호텔의 가구 집기, 비품도 진짜 뿐이다.
여기서 나는 그야말로 이상한 것을 발견하였다. 정원이나 공원을
산책하고 그림을 보고, 식당에서 식사를 하고 있는 사람들이
멋있게 융화돼 있으며, 한폭의 그림을 보는 것 같은 기분이 들었
는데, 가끔 엉뚱하게 그림을 파괴하는 그런 풍경이 나타난 것이
다.

무엇 때문일까?…… 하고 곰곰히 생각해 보았는데, 그것이
나를 포함하여 이 호텔에 투숙하고 있는 우리들 동료라는 것을
깨닫게 되어 어안이 벙벙해졌다. 우리들의 동료라고 한마디로
말하지만, 일본에서는 일류의 경영자들 뿐-ㅣ셨다. 국제인이기도
했으며, 교양도 갖춘 사람들이었다. 그렇지만 아무래도 어딘가
어설픈 데가 있었다.

이 어설픈 점은 나와 동행한 패션 어드바이저인 시이노씨도
느낀 모양으로, 그날 밤 '어디서든지 딱 그림이 될 수 있는
인간이 피차 되어야 할텐데' 하고 이야기를 나누었는데 '그것이
야말로 진짜 인간이 되는 일이야' 하고, 서로 자신들의 수양
(修養)을 약속했던 것이다.

그러나 결국, 그레인 이글에서 우리들은 조화를 이루지 못했
던 것이다. 이와 마찬가지로 시골에서 툭 튀어나온 사람들은
도시에서 조화되지 않으며, 도시인도 시골에 가면 쉽게 어울리지

못한다. 언제, 어디에서나, 어떤 옷을 입더라도 딱 어울려 그림이
될 수 있는 풍경…… 그러한 인간이 되고 싶다고 나는 생각하고
있는데, 그러기 위해서는 역시 하나의 과정이 필요한 것 같다.

그 하나는 ① 우선 거시적(巨視的)으로 모든 것을 이해하고
아름다움은 무엇인가, 선이란 무엇인가, 진(眞)이란 무엇인가를
알아야 한다. ② 그러기 위해서 구체적인 방법을 강구해야 한
다. ③ 한가지 일에 대해서는 명인(名人)의 경지에 도달해야
한다. ④ 메마른 풍정(風情)이 나타난다. ⑤ 현세를 초월하여,
어디에나 용해되어 어디서든지 그림이 되어라 라고 하는 프로세
스이다. 인간의 교육도 그리고 사람의 성장과정도 이와 같은
프로세스를 거친다고 생각하는데, 패션 전문점도 마찬가지이
다.

토털화(化), 코디네이트화(化)의 원칙을 아는 것이 ①이며,
실제로 규격화 한 것을 몸에 체득시키는 것은 ②라고 할 수 있
을 것이다.

이 ①과 ②는 패션 복합점포의 존재 이유이며, ③은 개성중심
의 단골손님 대상점에 의해 개발된다고 생각하면 된다. 그리고
④⑤는 각자의 노력에 의존하지 않으면 안된다. 이 ④⑤의 영역
에 도달하기 위해서는 패션 복합점포라든가 전문점이 앞으로
대중을 리드해 나가야 한다고 생각하면, 그 존재 이유가 그야말
로 확실해질 것이다.

4. 다종다양한 패턴을 나타낼 것

이제부터 앞으로 수년간, 패션 전문업계는 물질적 경쟁이 나타
날 것이다.

여기서 매상고를 늘리거나 단골 손님의 확대라는 두가지 방향

에 전략적으로 도달하지 않으면 안된다. 그리하여 서투른 전략=고정 투자가 지나친 점포, 상품을 지나치게 제한한 점포 등의 상점들은 뼈아픈 맛을 경험하게 되며, 도산하는 기업도 상당히 나올 것이다.

그러나 그동안에 패션 전문점 업계에 대한 신규 참가는 계속될 것이다. 증가하는 것은 있지만, 결코 감소할 것 같지는 않다.

일본의 유통 구조, 소비 구조, 인적 구조 등이 생업인 패션 전문점으로의 참가를 더욱 더 가속화 할 것으로 하지만 중단될 것 같은 기미는 아무래도 없기 때문이다.

이들 생업 참가자의 대부분은 기업화를 목표로 하고 있지만 그 태반이 패배의 쓰라림을 맛보게 될 것이다. 그러나 몇 안되는 성공자는 보다 크게 비약할 것 같다. 이들 몇 안되는 성공자는 대담하고 신기한 아이디어와 노하우로 그러한 성공을 쟁취할 것이다.

그러나 한편, 연간 매상고 1,000억엔, 2,000억엔의 패션 종합점 포나 복합점포가 앞으로 10년 이내에 반드시 나타날 것이다. 아마도 패션점포로서 연 매상고 1,000억엔의 수준에 도달할 수 있는 것은 온 세계에서 일본과 미국 이외에는 없다고 단언해도 좋다고 생각되지만 이 경우, 역시 지금 유럽의 타업계에서도 볼 수 있는 독과점 체제하의 안정이 일본의 패션업계, 소매업계 에도 나타날 것으로 생각된다.

그렇지만 패션에는 절대란 있을 수 없다. 경영에도 절대는 없다. 더구나 패션은 무한한 아이디어의 가능성을 간직하고 있다. 패션 운영도 매한가지이다.

패션 전문점의 경영 세계에서는 1985년 이후의 안정된 시기에 도 아마 눈부실 정도의 탁월한 변화의 양상이 나타날 것이다. 그리고 이들 다양한 패턴은 결국, 인간이 도달을 목표로 하는 진선미를 찾아 물질적인 면보다 정신적, 문화적인 면에서 경쟁하면서 향상을 계속해 나갈 것이다.

5. 사람이 모든 것을 결정한다

패션 전문점의 장래는 복합점포화 하건 전문점으로 남건 간에 이렇듯 전도는 양양하다. 단지 어느 길을 걸어가든, 경영 환경이 서서히 힘들게 된다는 것은 부정할 수 없다.

여기서 어떤 식으로 방향을 돌리고 발전하는가는 모두가 사람에 의해 결정된다.

패션업계에 이질적(異質的)인 우수한 사람들이 계속 몰려들어온다고 생각되며, 더구나 그 사람들은 반드시 소매점에 흥미를 느끼거나 스스로 소매점의 일에 관여한다고 생각되므로, 일본의 패션 소매업계의 업계로서의 발전성은 여기서 한동안 사상 최고가 될 것이다.

현재 패션 소매점을 운영하고 있는 분은, 이 '사람이 결정한다'는 사실을 충분히 인식하고 노력해야 할 것이다.

제10장 패션 비즈니스의 일본적 경영

　내가 주재하는 경영문제 연구 그룹에 코스모스 클럽이 있다. 현재 회원은 200여개사가 된다. 어찌된 셈인지 이 회원 각사의 업적은 한결같이 매우 좋다. 지금으로 봐서 회원은 거의가 섬유 관계, 패션 관계의 기업이다.

　어떤 이유로 각 회사의 업적이 좋은 것일까? 하고 생각하면서 잠시 자신이 걸어 온 길을 반성하게끔 되었다.

　나는 1960년 11월에 경영 컨설턴트로서의 첫걸음을 내디뎠으므로, 금년으로 햇수로 16년째가 된다. 그런데 지금 돌이켜 보면, 전반의 7~8년은 완전히 실패의 연속이었다. 지금 생각하면 식은 땀이 나올 것 같은 기분이 든다.

　나의 어드바이즈로 실패하여 업적이 악화한 기업도 상당히 많으며, 그 중에는 도산까지 한 기업이 2~3개가 있다. 물론 경영 컨설턴트라는 것은 어디까지나 어드바이저이며, 의사 결정자가 아닌 이상 엄밀하게 말하면 나의 책임은 아니지만, '그러한 어드바이즈를 하지 않았다면 도산하거나 업적이 악화되지 않았을 것이다'라고 생각하면 도의적인 책임감에 시달리게 된다.

　그런데 1969년 경부터는 완전히 달라져, 나의 어드바이즈나 예측이 재미있을 정도로 잘 들어맞기 시작했으며, 관계된 기업의 업적을 비약시켰다. 이 역시도 물론 어드바이저인 나는 최종적인 의사 결정자가 아니므로 자신의 성과라고는 말할 수 없지만, 나의 어드바이즈에 의해 가까운 선에서 경영자가 의사결정을 하고, 그 결과로서 업적이 향상하게 되면 기쁜 일이다.

어떻든 1969년 이래, 나는 경영 컨설턴트로서의 어드바이즈에 의해 백전 연승의 성과를 자랑해 왔다.

그 전에 그렇듯 실패한 것이 어떻게 해서 그 후에는 그렇듯 성공하게 되었을까 하고 최근 곰곰히 생각하게 한다.

앞에서 말한 코스모스 클럽은 내가 성공으로 전환한 1970년 9월에 설립한 것이다. 클럽 멤버의 업적이 좋은 것은 뭔가 상관성이 있는 것 같다.

1. 반 프로의 수입경영학으로 실패

경영 컨설턴트 1년생시대의 나는 국내외의 경영 서적을 열심히 읽었다. 그 결과 능률이나 합리화에 가장 흥미를 느꼈다. 1950년, 1951년~1965년 하면 소득분배의 증가, 경제가 급성장한 시대였다. 경영학의 분야나 경영 사상면에서도 구미, 특히 미국은 그 본보기였으며 미국식 경영법이 큰소리 치며 흘러 들어온 시기였다.

미국식 경영법은 한마디로 말해서 매스메리트(mass merit)의 추구를 목적으로 하는 것으로, 몇 사람의 엘리트가 대다수의 잡다한 대중을 어떤 식으로 조직하고 시스템화 하면 좋을 것인가 …… 라는 것을 추구했던 것이다. 민족·종교·사상·언어가 다른 많은 사람들이 공존하고 있는 나라인 이상, 당연히 계약에 의해 사회 시스템을 구성하지 않으면 안되었으며, 이러한 경영법이 미국에서 발달한 것은 지금 생각해 보면 자명한 이치이다.

거기서는 능률이나 합리화를 위해 표준화, 전문화, 단순화, 기계화, 시스템화 등이 발달하게 마련이다.

한편, 전후의 일본에서는 이와 같은 미국식 경영을 본보기로 급속하게 경제 부흥과 성장이 이루워져 왔던 것이다.

이와 같은 배경에 있었으므로 1955년 이후 나는 주저함이 없이 미국 경영학 혹은 미국 경영법에 뛰어 들었다. 그리하여 그 결과로서 수많은 실패를 했던 것이다(지금 당시의 기록을 조사해 보면, 나의 어드바이즈 중 20% 정도가 실패한 것 같은 생각이 든다. 80%는 틀리지는 않은 것 같지만, 프로의 경영 컨설턴트인 이상 20%의 실패율은 치명적인 것이었다고 생각하고 있다).

어째서 실패했을까? 지금에 와서 생각하면, 이유는 간단하다. 소득이 늘고 교육수준도 향상한 일본 사람은 전후 15~20년이 되자 비로소 생활과 사고(思考)에 여유를 갖기 시작하였다. 전후 15년, 패전으로 거세(去勢) 당했으며, 단지 살아나가기 위해 무턱대고 일만 계속해 온 일본 사람들이었다.

그리고 오직 하나의 본보기가 전승국인 미국이었다고 할 수 있다. 미국은 신앙과 같은 것이었으며 미국인의 사고방식, 일을 처리하는 방식은 다 같이 선(善)이었던 것이다. 따라서 1950년 경까지는 미국식 경영법이 일본에서 멋있게 성공했던 것이다.

그것이 1960년에서 1965년 그리고 1970년으로 시간이 흐름에 따라 실패하기 시작하였다. 그것도 인간적인 요소가 많은 업계, 기업일수록 실패율이 늘어나기 시작하였다. 공업보다는 상업에서 실패율이 증가하기 시작하였다(나의 경영 컨설턴트로서의 실적으로 봐도 공업 관계에서의 경영개선 어드바이즈에서는 실패한 예가 거의 없을 정도였다. 실패한 예는 모두 상업 등 유통업에서 발생하였다).

일본 사람이 간신히 일본 사람답게 되기 시작했다…… 고 말할 수 있을 것이다.

실제로 1965년 이후, 일본에서는 인간이 직접 관계된 여러 가지 사회현상에서 '일본인적인 인간성'을 소중히 하지 않으면 거의가 성공하지 못하게 되어 있었다.

나도 일본 사람은 단일민족이며, 일심동체의 인종이라는 것을 잊고, 구분하고 차별화 하려고 생각하여 멋있게 실패를 되풀이 했다. 프로가 아니라 절반의 프로였다고 깊이 반성하고 있다. 예를 들면, 마케팅 면에서도,

① 상품의 진열 품목을 제한하여 전문화 하십시오.

② 경쟁 상대의 헛점을 강화합시다.

③ 헛점을 노립시다.

……등의 미국식 경영법으로 말하면 지극히 상식적이라고 여겨지는 사고방식에 의해 실패해 왔다.

이들 인간적인 요소가 강해지는 데서는 인적인 요인을 제거한 생각이 일리를 갖는 것이지만, 현실적으로 통용되지 않은 경우가 많이 나타난다.

2. 일본적 경영, 일본인적인 발상으로 전환하면 실패 가 없다

1968년은 나에게 있어 상처 뿐인 해였다. 계속해서 내가 관계한 소매업이 도산하여 정리하지 않으면 안될 입장에 몰렸다. 그 해 1월에 70킬로였던 나의 체중이 1969년 1월에는 60킬로 이하로 줄었다. 한편 내가 소속했던 일본 매니지먼트 협회 안에서도 나에 대한 비난이 날이 갈수록 강해졌다. 관계한 기업이 도산하는 일이 일어난 것은 나 이외에 없었기 때문이다.

1969년에 들어가 도산기업의 정리도 대체적으로 끝나, 비로소

한숨 돌린 4월, 폐인처럼 지쳐 버린 몸을 달래주기 위해 미나미기(南紀)에서 쉬었다. 수일 동안 아침부터 밤까지 낚시줄 끝에 낚시바늘이 달려 있지 않은 낚시대를 바다에 던져 넣은 채, 바닷가에 주저앉아 있었다.

어째서 실패했을까, 하고 여러 가지 면에서 생각해 보았다. 여기서 나는 '경영이란 사람의 의욕의 문제이다' 하고 처음으로 알아차리게 되었다. '일하려는 의욕'은 일본인의 경우 ① 대의명분, ② 신분의 안정, ③ 남에게 인정받는다…… 라는 3가지가 있어야 최고로 발휘된다는 것도 알게 되었다.

일본에서는 아마, 이제부터는 미국식 경영을 흉내내서는 안된다…… 라는 것도 이 때에 처음으로 이해가 되었던 것이다.

다시 시작하자고 결심한 나는 그 해 가을, 일본 매니지먼트 협회를 퇴직하고 다음 해인 1970년 지금의 회사를 창설하여 현재에 이르고 있는데, 그 덕택으로 지금의 사업은 순조롭다.

일본적인 경영, 일본인적 발상으로 전환한 것만으로 연속적인 성공을 거두어 왔으며, 코스모스 클럽의 회원 기업도, 나의 생각에 찬동해 주는 기업만으로 제한한 탓인지, 각 사가 다 같이 업적 면에서 좋은 편이다. 정말로 고마운 일이라고 할 수 있다.

3. 일본적인 경영이란?

1976년의 7월 22일~24일, 늘 있는 '섬유업계 경영자를 위한 경영전략 세미나'를 교토(京都)의 미야코(都) 호텔에서 개최하였다. 1년에 2번 개최하는 이 세미나는 이번으로 15회째이며, 3일동안의 세미나 대부분을 나 혼자서 담당하므로 업계에서는 '후나이 원맨 세미나'라 부르고 있을 정도이다.

그리고 언제나, 그 시점에서 화제가 된 사람을 특별강사로

초빙하여, 나의 부족한 점을 보충해 주도록 하고 있다. 이번에는 쓰카모도 고이찌 와콜 사장과 곤도 구마다로(近藤駒太郎) 일본 봉제협회 회장 그리고 낙토 아틀리에의 주재자인 다치가메(立龜長三) 선생을 특별강사로 부탁하였다.

쓰카모도 사장은 불황시에도 수입과 이익을 올리는 와콜의 비밀을 말해 주었는데, '4,000명의 사원이 일심동체가 되어 일하는 일본적인 운영이 그 핵심'이라고 결론을 내렸다. 또한 일본의 기성복업계의 대표자로서 미국과의 섬유 교섭 이래 해외에서도 가장 이름이 알려진 섬유인이라는 말을 듣고 있는 곤도씨는 '공부와 노력 없이는 패션화도 지식 집약화도 불가능하다. 지금 2~3배는 노력하고 배우는 업체만이 섬유업계 속에서 빛나는 패스포트를 손에 넣을 수 있을 것이다'라며, 세계 각국의 여러가지 예를 들어 설명해 주었다.

또한 나의 친구인 다치가메(立龜) 선생은, 현재 가장 예측이 정확한 패션 디자이너로서 유명한데, '노력이 육감과 센스를 탄생시킨다. 그리고 패션 예측을 들어맞게 한다. 그러기 위해서는 노력을 마다 하지 않으며, 패션이 좋아서 견딜 수 없어 하는 사람들을 만들지 않으면 안된다. 그것이 패션 산업의 결정적인 포인트이다'라고 결론을 내렸다.

3일 동안 진행된 후나이 원맨 세미나의 결론은 이러했다. ① 이제부터는 일본식 경영을 재검토 해야 하고 채용하지 않으면 살아남지 못한다. ② 가까운 장래에 섬유업계, 패션업계에는 커다란 변화가 찾아온다고 상정할 수 있지만, 승자가 되기 위해서는 '일하려는 의욕'=인간의 에너지가 첫째이다. ③ 오래 되었으면서도 새로운 것, 새롭고도 새로운 것이 있는 일본, 아름다운 환경으로 은총을 받고 있는 일본, 1억명이 넘는 인구를 안고 있는 일본, 미적 센스와 재주가 있으며, 적응성이 좋은 일본인…

… 이런 점에서 판단할 때, 일본이 세계 패션의 중심이 될 수 있다는 희망을 가질 수 있다. 희망을 가지고 열심히 일해 나가자 …… 라는 세가지 주장이었다.

알기 쉽게 말하면, 패션 비즈니스와 일본적인 경영법의 상관성, 장래성이 검토되었으며 규명되었고, 결론적으로, '패션 비지니스의 중요한 포인트는 일본적인 경영법에 있다'고 단언해도 된다는 것과 같은 방향 설정까지 있었던 것이다.

그렇다면 일본적인 경영이란 어떤 것일까?

나는 다음과 같이 생각한다.

1) 일본에서는 능력에 돈을 지불하는 것이 아니라 인간에게 지불하는 것이다

이른바 기업은 종업원의 능력을 사는 것이 아니라, 인간 그 자체가 지니는 가치에 대해 돈을 지불하고 있는 것이다. 알기 쉽게 말하면, 학교를 갓 나온 아무것도 할 수 없는 사람을 높은 급료로 고용하는 것은 그의 장래에 대한 기대때문이며, 능력 면에서는 떨어졌다고 여겨지는 노인에게 젊은사람보다 높은 급료를 지불하는 것은 인간으로서의 경험과 기업에 대한 공헌도 그리고 여러 해 동안 함께 일해 왔다는 인간적 신뢰(안도감)에 대해 높은 급료를 지불하고 있는 것이다.

무엇때문인가. 안도감이 일본에서 최고 가치로 인정되는 이유는 무엇인가. 아무리 능력이 있어도 안심할 수 없는 사람, 모르는 사람보다는 능력이 다소 부족해도 안심할 수 있고 잘 아는 사람이 일본에서는 가치가 있다.

그 이유는, ① 안심할 수 있어야 비로소 일본 사람은 에너지를 발휘할 수 있는 인종이기 때문이며, 최근에 발표된 게이오(慶

應) 의숙대학의 경영력 평가 그룹의 리포트를 봐도 대기업의 종업원 쪽이 중소기업 종업원보다 사기(士氣)가 높은 것이다. 이유는 고용이 안정되어 있기 때문이라 할 것이다. ② 그런 의미에서 일본 기업의 특성이라고 하는 종신 고용제나 역대 고용제 혹은 연공서열제 등은 안심한다는 의미에서 커다란 성과를 올리고 있다. 그 정도가 아니라 더 나아가서 '한 집안 의식'을 고조시켜, 피차 인정하고 인정받는다는 아름다운 신뢰감이 있기 때문에 더욱 많은 에너지의 발로=이른바 '일하려는 의욕'을 피차가 끌어낸다고 할 수 있을 것이다.

2) 일본인은 계약에 따른 권리, 의무보다는 의리와 인정으로 움직인다

일반적으로 일본인은 목적형, 계획적인 인간이 아니라 수의형(隨意型), 충동형 인간이라고 말해진다. 그 대신에 어떤 무리를 하든 반드시 예정일까지는 어떤 일이든지 끝내 버린다.

올림픽이나 만국박람회의 개장 예정과 설비공사 완성까지 과정을 살펴 보면, 퍼트(공정 차트)보다 벼락치기가 우선하고 있지만, 멋있게 예정대로 목적하는 날에 완성시키고 있다. 작게는 1개 소매점의 개점에 이르기까지 일본인의 특성은 이런 면에서 유감없이 발휘된다. 이른바 무리가 통하는 인종이다. 그리고 그 에너지는 권리·의무에서 오는 평균적인 계획이나 계약에서는 나오지 않는다.

단일민족, 1억인 총 형제사상이 '본심'이며 '원칙'이라는 멋있는 슬기를 탄생시켰고, 의리·인정이라고 하는 모든 것에 앞서는 행동지침을 발견해 낸 것이다.

3) 믿고 맡기는 것이 관리하는 것보다 이익을 낳는다

대부분의 일본인은 첫대면에서 얼굴을 보고 몇 마디 말을 나누면 대강 상대방을 알게 된다. 단일 민족, 단일 언어로 언외(言外)의 언(言), 논외(論外)의 논(論)까지 알게 되는 민족의 강점이 여기에 있다.

따라서 피차 상대방의 마음을 읽을 수 있으며, 이사야선지자는 아니지만 '일본교'의 신자들 뿐이므로, 일반적인 경우에 믿을 수가 있다.

일본에서는 성악설(性惡說)보다도 성선설로 살아가는 것이 훨씬 이익이 되는 이유가 여기에 있다. 남의 마음을 알 경우, 남을 믿게 되면 그러한 믿음이 되돌아 오고 싫어하게 되면 그만큼 나에게도 되돌아 오기 때문이다.

따라서 믿을 수 없음을 전제로 한 관리(계획하고 통제하는 일)보다는 믿고 맡기는 편이, 일본인에게는 여기에 감동하고 보다 열심히 일하므로서 기업에 플러스를 안겨다 주는 것이다.

4) 신상(信賞)은 좋으나, 필벌(必罰)은 안된다

신상필벌(信賞必罰)라는 말이 있다. 무엇때문에 벌을 주는가. 일반적으로 신상(信賞)과의 균형상 '본보기'를 위해서라고 이유를 붙인다.

그러나 형법 논쟁에 있어서나 응보형론(應報刑論)보다 교육형론(教育刑論)이 우세한 최근의 상황이다. 특히 일본인에게는 지나간 일은 용서해 주고 싶다고 하는 정토진종적(淨土眞宗的)인 감각이 강하게 있다. 범죄 행위에 있어서 행위로서 '잘못했다'고 회개한 사람에게 그 후에 벌을 주었다고 하여 도대체 본인에게 어떤 플러스가 될 것인가.

그런 의미에서 사회적인 제재로서의 응보형론이 아직은 논거(論據)와 실태가 맞는 것처럼 생각된다.

그러나 기업으로 눈을 옮기면 '잘못했다'고 깨달은 사람, 뉘우치고 있는 사람은 용서하고 힘을 발휘하도록 하는 방향으로 꼭 선도해야 한다. 그러기 위해서 필벌이라는 것은 그야말로 넌센스이며, '뉘우치지 않는 사람'에게는 '어쩔 수 없이 벌을 준다'가 되어야만 옳은 방법이 아닐까 생각되는 것이다.

5) 해고(解雇), 감봉(減俸)은 가장 서투른 기업 재건법이다

1974년, 1975년에 걸쳐, 2년이나 계속된 대불황으로 많은 기업들은 인원 정리, 임금 인하로 합리화를 추진하였다. 그러나 이러한 방법은 경영자의 무능을 나타내는 것이라고 생각한다. 우선 애사심이 떨어진다. '한집안 식구'라는 의식이 없어지며, 일하려는 의욕 같은 것은 어디론지 사라져 버린다.

그보다는 '감원하지 않고, 임금도 인하시키지 않는다. 그 대신 이만큼은 벌지 않으면 안된다. 모두 죽을 의욕으로 열심히 일해 나갑시다'와 같이 종업원 쪽에서 사기가 오를 수 있도록 하지 못하는 것일까.

인간의 일하려는 의욕과 연결된 불가사의한 에너지는 좋은 지도자가 있을 때, 대부분 난관을 돌파해 나갈 수가 있다. 이것은 경영법의 상식이다(나의 저서 《정공법 상법》 참조). 임금 인하, 해고 등이라는 것은 미국적인 합리화 경영법이다.

4. 패션 비즈니스에는 일하려는 의욕이 최고다

교토(京都) 세라믹스가 미국에서 큰 성공을 거두었다. 소니도 마찬가지이며, 두 회사가 다 같이 이른바 일본적인 경영(믿고 맡기는 경영, 해고가 없는 안심하고 일할 수 있는 경영)을 미국에서 실천했더니, 미국인도 감격하여 크게 분발한 끝에 그와 같은 좋은 성적이 온세계의 주목을 받게 되었다.

① 안심 ② 믿어준데 대한 큰 분발, 여기에 ③ 대의명분만 있으면 인간은 놀라운 에너지를 발휘한다는 것은 이미 언급한 그대로이지만, 패션 비즈니스를 생각할 경우, 그 본질에 대해서는, 앞서 쓰카모도, 곤도(近藤) 및 다치가메(立龜) 등 세 분의 말처럼 ① 어디까지나 인간적인 것으로, ② 인간은 에너지가 나타나게 되면 될수록 궤도에 오르게 되는 것이다.

그렇다면 패션 비니지스를 성공시키려면, 미국적인 경영방식보다 일본식 운영방법으로 돌아가는 것이 좋지 않을까.

물론 나자신도 미국적 운영방법 전부를 부정하는 것은 아니며, 그 좋은 점을 충분히 채용하는 것이 좋다고 생각한다. 그러나 패션 시스템, 머천다이징 메서드(merchandising method ; 상품계획의 방식)……와 같이 패션 비즈니스를 인간적인 측면보다도 기계적인 측면이나 순서적인 측면만으로 구성하는 것이 최고라는 생각은 부정하고 싶은 것이다.

섬유업계를 예를 들면, 미국의 기성복 비즈니스는 파이버(인조섬유)나 텍스타일(textile, 직물) 비즈니스의 3~4배 고부가가치를 탄생시키고 있다. 한편, 일본은 그 반대이다.

따라서 일본의 패션 비즈니스도 그 대표자인 기성복 비즈니스에서는 미국을 모방해야 한다고 지금 진지하게 검토되고 있다.

그렇지만 나는 100% 여기에 찬성을 하지 못하고 있다. 그 이유는 미국의 패션 비즈니스＝기성복 비즈니스는 공학적이고, 조직적이기 때문이다. 그러고 그것으로 고부가가치를 낳고 있는 것은 오직 산업 구조가 단순하기 때문이다.

일본에서는 생업자의 존재가 이중구조적으로 문제되어 패션 비즈니스＝기성복 비즈니스를 지배하고 있으며, 공학적인 시스템보다는 인간적으로 일을 해보겠다는 의욕이 훨씬 우선하고 있다.

구체적으로 예를 들면, 맨션 메이커의 유리한 점은 이 소규모적인 성질과 일하려는 의욕, 그리고 이에 수반되는 노력에 의해 떠받들어져 있다. 이제는 일본에서 제1 가는 기성복의 생산지가 된 키후(岐阜) 산지의 특질은 작은 양의 생산, 단(短) 사이클로, 그때 그때 팔리는 것만을 소규모로 추구해 나가는데 있다.

구입이 싼 것도 아니며, 선견성(先見性) 즉, 남보다 뛰어난 것도 아니다. 또한 공정상의 어려운 시스템이 완비되어 있는 것도 아니다. 그럼에도 불구하고 맨션 메이커(manssion maker ; 맨션 등의 방 하나를 얻어 이를 일하는 장소로 하고 디자인에서 샘플 봉제까지 하는 소규모의 업자)가 자만심을 갖지 않으면 앞으로도 유리한 패션 비즈니스이며 키후(岐阜)산지는 더 더욱 커질 것이다.

분명히 말해서 일본의 패션 비즈니스는 미국이나 유럽의 패션 비즈니스의 좋은 점을 받아들이면서, 어디까지나 일본의 독자적인 환경 특성과 운영의 특성을 살려 나가지 않으면 안 될 것이라고 생각한다.

패션 비즈니스가 좋아서 견딜 수 없는 사람, 그리고 환경이 사람을 아름답게 해주고 풍요롭게 해준다는 대의명분, 그리고 이들과 일본적인 경영을 잘 조화시켜 나가는 곳에 우리나라에서

패션 비즈니스를 성공시키는 결정적인 요소가 있다고 생각된
다.

제11장 라이프 스타일 분할로 상품을 갖추고, 싸게 파는 체질을

1. 새로운 마케팅론

수요 창조와 고객의 보다 큰 만족을 위해 줄곧 정력적으로 활동을 계속하고 있는 마케팅계에서 최근에 대단히 칭찬받고 있는 것에 '라이프 스타일 분할'이라는 말이 있다.

메이커나 소매상에서도 이것은 1년 반쯤 전부터 환영받았다. 일반적으로 마케팅의 세계는 표 23처럼 변화해 왔고, 장차도 변화를 계속해 나갈 것으로 알려져 있다.

〈표 23〉 마케팅의 변화

1. 디스카운트 마케팅(좋은 물건을 싸게)
2. 분할 마케팅(분할하여 수요를 창조)
3. 토털 마케팅(코디네이트하여 수요를 창조)
4. 엘리트 멤버즈 마케팅(심리적인 선동으로 수요 창조를)
5. 프리 옵션 마케팅(자유로 선택한다는 고객중심체제의 활성화로 수요 창조를)

그 중 디스카운트 마케팅은 1967년~1970년에서 전성시대의 막을 내렸다. 대신해서 나타난 것이 분할 마케팅과 토털 마케팅인데, 이 양자를 혼합한 것이 '라이프 스타일 분할'이라고 하는

새로운 사고방식이다.

분할하면서 그것을 토털화(化) 하기 위해서는 토털화의 줄거리가 되는 하나의 기둥이 있다. 이 기둥을 라이프 스타일 중의 한 부분으로 바꾸어 놓으려는 것이 라이프 스타일 세그먼테이션이다.

이것은 소매점에서의 구체적인 방법으로 설명하면 다음과 같이 된다.

여태까지 일본의 소매점은 품목별 점포, 품목별 매장이었다. 여성복 직매장, 식품 매장, 쇠붙이 판매점, 구두점과 같은 식이다.

이러한 매장 구성에서 예를 들면 '낚시 매장'으로 바뀌는 것이다. '물고기 낚시'라고 하는 하나의 라이프 스타일에 알맞는 모든 상품을 모아 놓은 매장을 만들어 보는 것이다.

예를 들면, 그런 매장에는 낚시대, 미끼 등 낚시집에 있었던 것을 모자·장화·도시락 상자·트란지스터 라디오·낚시잡지·자동차 용품 등 '낚시'하러 갈 경우에 필요한 것을 모두 전시하는 것이다.

또 하나의 예를 들어보자.

가구점에 가게 되면 침대 매장이 있다. 그러나 나이트 라이프의 매장은 쉽게 볼 수가 없다. 침대·침대 커버·침대 조명·잠옷·물주전자·무드 음악용 라디오 등, 밤에 침실에 들어가 아침에 그 방에서 나올 때까지의 사이에 생활에 필요한 것을 전부 모아 놓은 매장, 이른바 밤의 생활이라고 하는 라이프 스타일에 초점을 맞추어서 매장을 만드는 것이다.

이로써 라이프 스타일 세그먼테이션의 대체적인 것을 이해했으리라 생각한다. 나는 지금으로부터 5년 전쯤에 '스토리 점포'의 필요성이라는 점에서 이를 예고해 왔다.

이른바 '품목별 매장'에서 '목적별 · 생활별 · 기능별 매장'으로 발전시켜야 된다. 이를 위해서는 하나의 스토리(이야기)를 만들어 그 이야기에 따라 매장과 상품을 전개해야 한다……는 것이 나의 주장이었다.

이런 나의 생각에 따른 제1호 점포가 1971년에 가고시마(鹿兒島)에서 개점한 '부케'였으며, 그 후 다이에가 비분고쿠(碑文谷) 점포에서 시도했고, 세이부 백화점도 이케브쿠로(池袋) 점포의 확장을 계기로 상당히 대담하게 그와 같은 사고방식을 채용해 점포를 조성하였다.

한 사람의 손님에게 목적과 기능, 생활 스타일에 따라 될 수 있는 대로 많은 물건을 사가게 한다는 것이므로, 그런 생각은 결코 나쁜 것도 아니고 잘못된 것도 아니다.

한편 제 9장에서 설명한 것처럼, 세상은 혼돈한 상태를 나타내고 있으므로, 소매업계는 상품이 이것저것 뒤섞인 시대로 들어가고 있다.

신사만의 용품을 취급하는 전문점이 그 일부에 여성용 물품을 도입한 순간부터 매상이 올랐다는 세상인 것이다.

남녀가 합쳐 하나의 생활을 하고 있는 이상, 이것이야말로 라이프 스타일 마케팅의 성과라고 봐도 될 것이다.

2. 전문 점포에도 품목별 최고 상품이 필요하다

그런데 최근의 소매업계는 날로 눈부시게 변화하는 속에서도 분명한 많은 현상때문에 소매운영 규칙 몇 개를 만들기 시작하였다.

그 중에서 몇사람들에게는 상식 밖이라고 여겨지는 것을 소개하면,

(1) 내셔널 체인이라고 하는 말을 듣는 대규모의 판매 점포도 지방백화점이 올바른 공부를 하여 분발하기 시작하면, 그 지방에서는 우선 대항할 수가 없다. 지역에서 제 1가는 점포가 되어, 내셔널 체인의 접근을 물리친 지방 백화점은 이제까지 오이타(大名)시의 도키하, 가와고에(川越)시의 마루히로(丸廣) 정도였는데, 지금은 아키다(永大田)시의 기우치(木內), 모리오카시의 가와도쿠(川德), 고오리야마시의 우스이, 고오후시의 오카시마, 우쓰노미야시의 후쿠다야, 미도시의 이세신과 같이 간토(關東) 이북으로 지역을 한정한다고 하더라도 내가 알고 있는 것만도 열 손가락을 꼽을 수 있게 되었다. 전국에서는 아마 30개 점포가 넘는다고 여겨지며, 이런 숫자는 앞으로 줄어들지는 않을 것이다.

(2) 전문점의 세계에서도 전국적으로 유명한 내셔널 체인보다는 지방 점포나 로컬 체인 점포의 강점이 눈에 띄게 되었다. 의류품 점포로 나와 친숙한 곳의 일부만 보아도 부인 복지의 오쓰카야[나고야, 키후], 부인 복지와 부인 양품의 다나카야[나카자기], 비단옷감의 오가와야[마에바시], 도우히라[우에타], 미야비[히로시마], 신사복의 후다타[구루미, 후쿠오마] 등의 이름이 즉각 떠오르게 된다. 그리고 이들 점포는 넓은 매장 면적과 무서울 정도의 단위면적당 매상을 올리고 있으며, 취급하는 상품에 관해서는 완전히 그 지역 제1의 점포가 되어 있다. 그리하여 이들 점포와 경쟁을 벌인 전국적인 유명한 체인 점포가 거의 손을 쓸 수 없게 되어 가고 있다.

(3) 결국 소매업이라는 것은 한 지역에서의 장사 싸움인 것이다. 일본의 생산구조, 유통구조로 보아 소매점이 아무리 상품의 오리지널화를 도모해 봐도 그것으로 한 지역을 재패한다는 것은 불가능하다. 따라서 상품계획 지향＝물건 만들기 지향이 강한

내셔널 체인적인 소매업일수록 경쟁이 약하다(물론 전연 공부도 노력도 하지 않는 상대에는 이길 수 있겠지만, 다소 힘이 있는 동업자가 조금 공부를 하고 장사에 대해 노력을 한다면 머천다이 징형(型)은 오리지널한 상품을 고집하기 때문에 대항할 만한 힘을 잃고 만다. 이 머천다이징이 좋은 성적을 올리기 위해서는 경쟁 점포와의 관계에서 압도적으로 넓은 매장이나 지역 소비자로부터 지명도가 필요하게 된다).

(4) 결국 종합점포니 전문점포니 어쩌고 말해도 손님의 입장에서 보게 되면 어차피 같은 소매점이며, 현상면에서 보면 동업자보다 압도적으로 강한 품목을 갖추지 못하고 있으면 성과가 오르지 않는다. 나는 이를 주력 상품이라고 하지만, 주력 상품이 없는 점포에서는 장사가 잘 될리 없다.

(5) 주력 상품 이외의 상품 품목은 많으면 많을수록 좋다. ……등과 같은 것인데, 최근에 와서는 확실히 알게 되었다고 할 수 있다.

그리고 이들 중에는 품목별 매장과 라이프 스타일 매장의 사고 방식에 대한 해답이 숨어 있는 것처럼 여겨진다.

어떻든 품목별로 가장 강한 상품은 어떤 일이 있어도 필요한 것이다. 그것은 양(量)·수(數)·폭(幅)·질(質)로 표현되지만, 특히 경쟁 점포와 대비하여 수=상품을 갖춤에 있어서 가장 좋은 품목을 마련하지 않으면 안된다. 그리고 현실적으로 그것은 '품목'이며 상품 진열에서 가장 좋은 '라이프 스타일별 매장'이 아닌 데에 중요한 포인트가 있다.

3. 품목별 사업부와 객층별 사업부

오일쇼크 이래, 자본주의 국가의 마케팅은 하나의 룰을 확립하였다.

그것은 '업계에서 제1가는 상품＝주력 상품은 품목별 사업부에서 취급하는 것이 제일 좋다. 그러나 주력 상품 이외의 것은 객층별(客層別) 사업부 쪽에서 취급하는 것이 좋다'는 내용이었다.

이것은 그대로 일본의 소매업계에도 들어맞는다. '경쟁자에 비하여 가장 강한 상품인 주력 상품은 품목별로 취급하자. 그밖의 상품은 라이프 스타일 별로 아무거나 좋다. 어떻든 주력상품과 관련하여 점포에 오는 손님에 맞추어 온갖 것의 상품을 진열해 놓자'는 식으로.

이와 같은 사고방식 속에서 이 물건 저 물건 혼합한 방식을 채용하고, 라이프 스타일 세그먼테이션을 채용하면 그것이야말로 멋있는 점포가 될 것이다.

소매업계의 경쟁 격화는 품목별 주력상품(그 품목에서는 경쟁 점포 중 상품을 제일 잘 갖춘 상품)을 대단히 만들기 어렵게 해버렸다. 더구나 이 주력 상품이 대도시의 전문점이라면, 품목의 폭(幅)과 객층(대상)을 다 같이 상당하게 제한하여도 운영이 가능하지만, 지방에 가면 갈수록 품목 폭, 객층 폭을 넓게 하지 않으면 안된다. 그것은 매우 어렵다. 결과적으로 라이프스타일 분할이나 그밖의 스토리 점포로 도망치고 싶어질 것이다. 그렇게 해서는 전연 성적이 좋아지지 않는다…… 는 식으로 되어 버린 것 같은 생각이 든다.

4. 품목별로 제일 가는 점포가 되지 못하는 점포는 '일하려는 의욕'이나 '단골 손님 확보' '생업경영' 이외에 방법이 없다

결국 상품의 힘이라는 점에서 볼 때, 일반적인 기업 운영의 측면에서는 품목별로 제일 가는 점포(가장 좋은 진열 상품이 몇 가지 있는 점포) 이외에는 운영이 어려워지고 있다. 그것은 종합 점포나 전문 점포도 그렇고 또한 패션 점포도 마찬가지이다.

그러나 이 정도로 새로운 소매 점포가 증가하는데도 그다지 소매 점포가 망했다는 이야기는 듣지 못하였다. 그 이유는 ① 소매업자의 대부분이 생업자인 것(생업 점포는 인건비나 금융비용이 거의 필요치 않으므로, 경영 조건이 기업 점포에 비하여 훨씬 유리하다). ② 소매업은 상품의 힘보다, 인간력이 우선하는 장사라는 것——등이기 때문이다.

인간의 힘이 우선한다는 것은 단골 고객화 상법이나, 종업원의 '일하려는 의욕'이 경영의 결과에 좋은 영향을 크게 주는 일이며, 대체적으로 백화점 슈퍼 점포 등의 기업적인 대형점포보다, 전문 점포, 패션 점포 등 소형 점포 쪽이 종업원의 '일하려는 의욕', '일을 좋아하는 정도'가 뛰어나며, 따라서 단골 고객화로 진행되는 경향에 있다고 여겨진다. 이것이 품목별로 제일 가는 점포가 아니라도 많은 점포가 운영을 계속해 나가고 있는 원인이 될 것이다.

5. 품목별로 첫째가 못되는 점포의 최대 무기, 그것은 '싸게 팔리는' 체질

일본의 소매업계를 객관적으로 바라보면, 오한을 느끼게 된다. 이유는 소비가 보합상태인데도 계속해서 점포가 증가하기 때문이다. 대형 점포만 하더라도 연간 2천 500억엔 내지 3,000억엔이나 되는 자금을 새로운 점포 투자에 투입하고 있다.

더구나 이러한 경향이 한동안은 계속될 것 같다. 소비 경향도

양에서 질로 바뀌었으며, 충동 구매에서 계획 구매에의 변화
등 양적으로나 금전적으로도 보합상태 이상으로 발전되지 못하
고 있는 것이다.

점포를 마련하는 정책의 대표자는 대형점이고 그 중에서도
특히 대량 판매점인데, 그들은 어째서 점포를 새로 마련하는
것일까? 첫째는 체질의 문제인데, 그 역사를 살펴 보면 점포를
마련하는 것 외에는 무기를 갖지 못하고 있다는 것을 알 수가
있다. 이와 동시에 지금에 와서는, '경쟁점인 동업자의 누군가를
쓰러질 때까지 공격해 나가면 살아 남을 수 있는 확률이 50%는
있다'는 계산도 성립된다. 대량판매점의 역사가 급속도로 성장하
는 것처럼 보이는 것은, 공통적으로 '자기 과신'이며 '자만'이다.
더구나 과대화(過大化)한 슈퍼 점포인 각 기업에서 창업자인
오너는 점차적으로 겉치레 아부하는 소리만 듣는 곳으로 추대되
고 있다. 그곳에서는 셀러리맨 중역과 역시 셀러리맨 관리자가
중추적 경영을 차지하고 약체 체질이면서도 품위만 높은 자기
과신형 비만아들이 회사를 경영한다.

더하여 유감스러운 것은 이들 중추 부위에 있는 사람들은
기업이 급속하게 성장했기 때문에 고생함이 없이 그런 지위에
오른 사람들이 많다. 기업의 장래를 생각하기보다 중추 부위에
있다는 점에 대해 자칫하면 만족하고, 기업 백년의 계획을 진지
하게 생각하지 않는 것처럼 보인다.

시장의 수요 공급 균형, 은행대출에 의한 경영, 장래성 등을
생각하면 수년 후, 슈퍼 점포 업계는 모두가 금융기관의 지배 아
래 있게 되고, 금융 기관의 마음대로 재편성이 이루어질 것으로
생각되는데, 이런 것을 생각하고 있는 슈퍼 점포는 거의 없는 상
태이다…… 그러므로 마구잡이 투자가 가능하다 할 수 있을 것
이다. 그러나 그것만이 아니다. 일반 소매 점포의 사람들도

거의 공부를 하지 않고 있다.

지방의 생업자의 대부분은 무조건 대형점의 지방진출 반대의 소리치는 것 말고는 아무런 노력을 하지 않고 있다. 조금 공부한 사람들도 ① 전문화다 ② 패션화다 ③ 에너지 절약화다 ④ 재고품 회전을 빠르게 하는 것이다……정도의 잘못된 융통성 없는 공부밖에 하지 않고 있다.

그 때문에 대량판매점이 문을 열게 되면, 지금도 시골에서는 최소한 투자 회전이 3회전 이상의 멋있는 경영 성과를 거둘 수 있으며, 가끔씩 이와 같은 신규 점포가 있기 때문에 더욱 더 점포의 개설에 열중하게 된다 하겠다.

따라서 대량판매점이 점포 마련에 혈안이 되는 것을 그 체질과 다른 동업자가 공부를 하지 않는 부산물이라고 결론지을 수가 있을 것이다.

그러나 객관적으로 볼 때, 점포를 오픈 하는 속도나 규모 확대 등이 기업의 건전 유지를 위해서 무리라는 것은 지금까지 틀림이 없다.

싼 것이 자랑이라고 하는 대량판매점도 투자 자금의 부담, 셀러리맨 종업원의 인건비 증가때문에 지금은 전문점보다 비싸게 팔지 않으면 안될 상태가 되어 버렸다.

그 중에서도, 전문점이나 패션 점포의 중요한 무기는 '싸게 팔 수 있는 체질'이다. 점포 설비에 과잉 투자하거나, 월급주는 종업원을 증가하지 않는 일이다.

품목별로 제일 가는 점포가 되는 일이 무척 어렵다고 한다면, 또는 만약 될 수 있다고 하더라도 그 중요한 요소는 '사람의 힘'과 함께 '싸게 팔 수 있는 체질'을 지속시켜 나가는 일일 것이다.

6. 기(氣)의 움직임, 객층별 세그먼테이션

새로운 마케팅의 움직임을 일본의 소매업의 실태를 검토해 가며 지금까지 해설해 왔는데, 이것은 그대로 일본의 패션 비즈니스에 들어맞는다.

패션 비즈니스는 현재 특별한 것이 아니다. 생활에 밀착된 것, 생활 그 자체가 되기도 한다.

'생활이 있다, 사람이 있다. 그 곳에는 전부 패션이 있으며 패션 비즈니스가 있다'고 하여도 지나친 말은 아니다.

패션 비즈니스는 이러한 의미에서 메이커로 봐서도 가장 소매점적이다. 누구나 이해할 수 있고, 참가하고 싶어 하며, 거의 마음을 놓을 수 없으며, 공부와 노력을 한 자만 살아남는 비지니스라고 할 수 있을 것이다.

일반적으로 메이커는 ① 대량생산을 지향하며 ② 큰 이익을 추구하고 ③ 원료 지향성이 강하며 ④ 계획적인 것을 선(善)으로 본다. 그러나 이에 대해서, ① 소비 지향성이 강하고 ② 변환자재적이며 ③ 유니크한 점과 부가가치에 보람을 요구하고 ④ 다품종 소량품을 갖추어야 하는 것이 소매점이다.

그리하여 이렇듯 상반되는 메이커와 소매점의 체질을 그 속에서 연결시켜 주는 것이 도매상이다.

일반적으로 메이커가 매스프로(mass production ; 대량생산) 체제를 강하게 펴고 있는 곳일수록 중간단계가 많이 존재하는 것은 메이커와 소매(소비자)의 사고방식의 갭(gap, 간격, 격차)을 메우기 위해서는 다단계가 필요하기 때문이다.

이와는 반대로 패션 메이커는, 이는 일반의 메이커와 그 취지면에 상당히 다르다. 앞서 언급한 소매점이 요구하는 요인을 메이커이면서도 갖지 않으면 안된다. 그렇다면 패션 메이커는 도매기능도 갖추지 않으면 성립되지 않을 것이며, 소매의 경영 노하우를 그대로 자기 것으로 하여도 결코 틀림이 없을 것이다.

거기서는 ① 우선 주력상품(품목을 갖춘 최고의 상품)을 갖지 않으면 안된다.

② 이어 혼합을 스토리로서 만들어 내어 다품목을 취급하지 않으면 안된다——라이프 스타일 분리는 스토리 구성의 한가지 노하우로서 위치를 설정해 두면 좋다. 주력 상품이 없는 스토리 점포, 라이프 스타일 분리의 매장 등은 어떤 의미에서 최대의 넌센스이다(물론 경쟁이 없으면 수요과잉인 곳에서는 이로서 충분히 성적이 오르겠지만, 지금에는 그런 업계가 패션업계나 소매업계에서 전연 볼 수가 없다).

③ 세번째로 '인간의 힘'과 '싸게 파는 체질'이 커다란 경영의 포인트가 된다.

이상이 패션 비즈니스에 있어서 가장 중요하다고 강조하고 싶다.

그러한 의미에서 지금 패션 메이커나 패션 전문점이 하려 하고 있는 손님층의 철저한 확보, 연령별 상품 구성 등은 '라이프 스타일 분리'라는 새로운 말에 의해 크게 영향을 받은 것이 아닌 가 싶어 크게 신경이 쓰이는 것이다.

메이커도 소매점도 손님을 제한하고, 상품을 제한하는 것이 패션 비즈니스는 아니다. 패션 비즈니스는 되도록 많은 손님을 상대해야 한다.

그 노하우는 어디까지나 '물건 갖추기'와 '인간의 힘' 및 '싸게 파는 체질'이다.

지금 나는 싯가 60만엔의 롤렉스 손목시계를 차고 있다. 양복 은 폴리에스테르 100% 더블니트의 특별 주문복으로 10만엔에

지었다. 구두는 작년 다이에의 점포에서 고급품을 망라했을 때의 바겐세일때 산 1만 8,000엔의 자색이다. 넥타이는 오스트레일리아에서 금년 봄에 산 폴리에스테르 100%의 오스트리얼 달러로 2불 40센트(일본돈 약 900엔)의 물건이며 넥타이 핀은 시가 50만엔이나 하는 핑크빛 진주를 달고 있다. 그러나 오늘의 점심식사는 최고급 호텔에서 고베(神戶) 쇠고기 특선 스테이크 정식 5천 500엔짜리와 고급 포도주를 마셔, 1인당 1만 2000엔을 지불하였다.

아마 그 반동인지 오늘밤은 근처의 중국요리점에 가려고 생각 중이다.

그곳에서 중국 런치 400엔, 군만두 250엔과 맥주 1병을 마실 예정인데, 1,000엔으로 거스름 돈을 받을 수 있을 것 같이 여겨진다.

이것이 나라고 하는 지금 출장 중인 한 인간의 오늘의 모습이라고 할 수 있다.

내가 가지고 있는 신사복은 한 벌 8,000엔에서 45만엔까지이며 넥타이도 400엔에서 2만엔까지고, 구두도 1천 800엔에서 4만엔까지 있다. 이들을 기분 내키는대로 적절히 입는다. 이것이 패션 라이프라고 한다면, 객층별 분할이나 라이프 스타일별 분리는 보통 생각으로는 어렵다고 할 것이다.

패션 비즈니스는 어려운 이유보다도 요는 적응하는 것이 아닐는지?라고 생각하게 된다.

제12장 패션 비즈니스의 미래상

1. 패션과 패션 비즈니스

나는 1976년, 1년동안 《상점계(商店界)》 잡지를 통해 패션 비즈니스론을 전개해 왔다. 돌이켜 보면, '패션 비즈니스론'은 내게 있어 어려운 과제였다.

나 자신에 대해 말하는 것은 이상하지만, 드물게 보는 속필가 였다. 1시간에 400자 원고지 10~15매의 원고를 써내는 것이 보통이다. 따라서 매회 20매의 《상점계》 원고는 보통이면 1시간 반에서 2시간이면 완성할 수 있는 계산인데, 이 '패션 비즈니스 론'에 대해서는 20매를 쓰는데 평균 3시간 이상 4시간 정도가 소요되었다.

어째서일까?

알고 있는 것 같으면서 알 수 없는 일이었다. 특히 이론적으로 독자가 이해할 수 있도록 쓰기가 어려웠기 때문이다.

나는 《정보원》이라는 책에 '패션 전문가'로 기록되어 있다. 40대 중반이라는 나이, 경영 컨설턴트라는 직업과는 걸맞지 않게 대담한 복장으로 곧잘 돌아다닌다. 매스콤의 사람이나 은행사람들은 가끔 나의 복장을 보기만 해도, '선생님은 패션계의 분이시군요'라는 말을 흔히 한다.

그렇지만 나 자신은 패션맨이 아니라고 생각하고 있다.

나의 사고방식이나 체질은 완전히 남성적이며, 벗겨진 머리, 진한 수염 등 외모에서도 바로 남성 호르몬 과잉형이다. 유감스럽게도 머리가 벗겨져 올라간 패션 디자이너를 나는 알지 못한다.…… 온세계의 패션 디자이너를 친구로 갖고 있는 나로서는 그들 모두가 탐스러운 머리카락의 소유자이며, 더구나 장발형인 것을 보고 때로는 기쁘기도 하며 슬퍼지기도 한다.

이 책의 서문에서도 썼지만, 고미 야스스케(五味康祐)씨의 '고미 인상교실'에 의하면 '깍아중처럼 머리를 깍으면 패션을 알 수 없게 되고 음치가 된다'는 것이다. 고미씨는 다음과 같이 말하고 있다.

"남자가 산발(散髮)하면, 보통 기분이 상쾌해지며 선뜻 세상만사 골치 아픈 것을 체념할 수가 있다. 모발을 짜르면 머리 부위의 울혈(鬱血)이 방지되고 혈액 순환이 잘 되는데, 이것은 생리적인 이유에 따른 현상이다. 그런데 인위적으로 장발을 하고 있으면 피의 순환이 정체되는 결과로 이상하게도 여성적인 성격을 나타낸다.

본래 남자는 체념이 빠른 성질을 지니고 있는데, 한번 깨끗이 단념하면 언제까지나 훌쩍 훌쩍 눈물짜지 않는다. 결단도 빠르다. 그러나 여성은 이와 반대로, 무엇이든지 단념을 잘 못하는 경향이 있는데, 이것은 머리를 길게 하고 있는 장발에도 원인이 있는 것이다.

그래서 남성이 머리를 길게 기르고 있으면, 이와 같은 여성적인 부드러움이 나타나게 된다. 화가나 소설가 또는 디자이너가 머리를 길게 하고 있는 것은 이러한 여성적인 감정 도입을 위해서이지 그저 장발로 있는 것은 아니다. 이것은 인간이 생각해낸 탁월한 지혜다.

그룹 사운드의 젊은이들이 장발인 것도 비틀즈 등의 모방이지만, 비틀즈가 어떤 여자아이와 같이 장발을 하고 있는 것은 여기에 근거가 있었던 것이며 결코 세상을 떠들석하도록 만들기 위해서도 아니고 모양이 좋아서도 아니다.

음악이나 예술에는 여성적인 감정의 이입(移入)을 빼놓을 수 없는 조건이 있다. 이것을 반대로 말하면, 대머리나 단발인 남자는 음악이나 예술(패션)을 알지 못하게 된다기 보다는 깊이 있게 이해할 수 없는 사람이라 말할 수 있을 것이다"라고.

알기 쉽게 말하면, 패션이라는 것은 여성적인 사람일수록 이해하는 센스가 빠르다는 뜻이다. 그런 의미에서 나에게는 전연 여성적인 요소가 없으므로 패션맨이 아니라는 이야기가 된다.

머리카락을 길게 기르려고 해도 할 만한 머리카락이 없는 사나이의 당연한 귀결이 될는지도 모른다.……그런데도 《정보원》에서 내가 패션 전문가가 되어 있는 것은 《패션 경영전략》 등의 저서 때문일 것이고, 패션과 관계가 깊은 섬유업계나 유통업계에 대해 잘 알기 때문일 것이다.

어떻든 간에 지금까지 설명해 온 것으로도 알 수 있듯이, 나는 남성으로서 객관적으로는 패션이나 패션 비즈니스를 이해할 수 있다. 그러나 주관적으로는 여성적인 감정 도입을 필요로 하는 정통적인 음악이나 패션을 알지 못하는 남자인 것이다.

금년 1년동안 객관적인 표현과 통찰력만 가지고 패션 비즈니스론을 발표했으나 무척 고생한 것은 주관적인 생각을 그대로 문장으로 표현할 수 없었기 때문이다.

그렇기는 하지만 '패션 전문가'라는 평가가 있는 것처럼, 남성적인 인간으로서 '패션'은 역시 다른 사람보다 잘 알고 있는 것 같다.

패션은 여성적인 것이라고 하여도 패션 비즈니스는 비즈니스인 이상, 남성적인 요소가 매우 필요하다고 생각된다.

내가 건방지게 1년 동안 쓸 수 있었던 것은 그와 같은 이유에 서였다.

2. 1985년 이후의 패션사회

그런데 패션 비즈니스론의 총정리로서 '패션 비즈니스의 미래상'을 제시하고 이 책을 끝내려고 한다.

독자는 이것은 '남성적인 남성'이 전망하는 '미래상'으로 받아들여 주기 바란다. 나와 친분이 있으면서도 나와는 완전히 발상의 관점이 다른 패션맨 예를 들면, 경영자로는 이시쓰 겐스케씨(石津謙介)씨나 나쓰가와 히로시(夏川浩)씨의 '패션 비즈니스의 미래상'도 독자로서는 꼭 알아둘 필요가 있다고 생각하는 것이다.

이시쓰씨나 나쓰가와씨에게서 볼 수 있는 풍부한 패션 감각과 어떤 발상법은 여성적인 감정의 도입이 풍부한 남성의 것이라고 생각되기 때문이다. 《상점계》에도 의뢰하여, 꼭 그들의 '패션 비즈니스의 미래상'을 지상에 수록하고 독자로 하여금 나의 생각과의 차이점을 대비시켜 주었으면 싶어서인 것이다.

서두가 조금 길어졌지만, 다음 표 24는 데이진(帝人)·마케팅부의 패션에 관계되는 자료이다. 그렇지만, 나의 생각과는 조금도 다르지 않다는 것을 말해 두고 싶다.

이 표는 최근 내가 발표한 내용의 집대성이기도 하다.

남성적인 관점에서 볼 때, 미래지향을 하게 되면, 이렇게 되지 않을 수 없는 것이다.

나는 1985년 경에 패션을 중심으로 한 일본의 사회가 다음과 같이 될 것으로 생각한다.

(1) 물질적인 경쟁으로 치닫고 있던 경쟁 에너지가 정신적, 문화적인 방향으로 쏠리게 된다.

(2) 물질적 경쟁은 '악(惡)'이라는 유럽적인 감각이 강화될 것이다.

(3) 사회적인 안정도가 강화됨과 동시에 신분의 안정도도 증가되며, 개성화, 자유화, 예술화 등에서도 안정감이 나타날 것이다.

(4) '유행'이라는 요소에 좌우되는 이른바 '패션'의 그림자를 감추고 교양 수준의 향상과 함께 탈(脫) 패션적인 움직임이 강화될 것이다.

(5) 균형과 조화가 아름다움의 진수가 되며 환경과 개성과의 조화는 인류가 의식주 및 레저를 포함하여 문화적인 패션 등에서 요구하는 지표가 될 것이다.

(6) 패션 비즈니스는 개인에게 더욱 밀착되는 서비스가 기반이 될 것이다.

(7) 마케팅이나 상품 계획의 방향이 제1차 산업과 제2차 산업에서는 물리적, 합리적으로, 제3차 산업에서는 마음과의 밀착으로, 제4차 산업에서는 정보의 경제성 추구에로 발전될 수 있을 것이다.

(8) 패션 상품계획은 소비자 의식과 가치관을 중요시하고, 여기에 어떻게 밀착하는가로 결정될 것이다.

(9) 여성적인 패션 전성시대는 마감하게 되고, 이성(理性)의 시대, 소비자주의 시대의 새벽을 맞이함과 동시에 남성적인 패션(이른바 나와 같은 사람이 알게 되는 패션)이 강화되기 시작할 것이다.

(10) 의류품 패션은 현재보다 소박해지며, 유행성이 감소할 것이다. 이에 반대로 주거(住居)나 환경을 중심으로 하나

〈표 24〉 시대적인 흐름과 함께 변화하는 환경과 패션

구분	지금 까지	지금	얼마 후
사회환경	경제고도 성장시대 산업발전 지향사회	경제 감속 성장시대 정보화 사회	경제 안정 성장시대 복지 지향사회
의 식	(단기 욕망) ○ 소득향상 ○ 신분의 상하이동이 심함 ○ 일하는 것에 생의 보람 ○ 생활은 유동화	(중기 욕망) ○ 어린이의 교육 ○ 노후생활의 안정화 ○ 좋은 집에 살고 싶다 ○ 저축에의 욕심	(장기 욕망) ○ 생활안정 ○ 신분의 상하이동이 적다 ○ 사회성 도덕의 향상 ○ 개인주의 확립
	생활 향상형 소비는 미덕	생활 방위형 절약 · 소비자운동	복지형 민주사회로의 지향
마 케 팅	매스 마케트시대	부가 마케트 시대	개성 마케트 시대
	공급부족 · 에너지 절약화 ○ 대량 생산 ○ 대량 판매 ○ 에너지 절약화 · 규격화	공급과잉 ○ 대량 생산 ○ 반(反) 대량판매	안정화 · 절약형 자원화 ○ 반 대량생산 ○ 반 대량판매
	충동 구매 ○ 쓰고 버림 ○ 물건을 저장 ○ 대량 소비	계산 구매 ○ 품질 중시 ○ 조금 색다른 것 ○ 가치품 적량	계획 구미 ○ 양보다 질을 원한다 ○ 인색한 합리주의 ○ 북유럽형 · 적당량
패 선	패션 고급화 시대 ○ 평균적인 동조성 · 획일화 ○ 패션의 자극을 요구한다 ○ 소비 붐	패션 풍속화 시대 패션의 일상화 ○ 자기표현 · 자기확대 ○ 개성의 집단화	탈(脱) 패션시대 ○ 자기나름의 패션 ○ 개성화 · 예술화 ○ 환경과의 조화
	물건의 양을 구하는 MD ○ 메이커나 소매점도 양의 MD ○ 목적별 · 기능별MD	물건의 양과 마음을 가미한 MD ○ 선택의 폭을 넓히는 MD ○ 라이프 스타일 MD	마음을 요구하는 MD ○ 오리지널티 확립의 MD ○ 의식가치관 중시의 MD
	광고 선전력(力)의 호소 팔지 않을까의 시대	광고선전에 춤추지 않는 소비자 소비자 반항 버티는 시대	소비자주의의 확립 이성의 시대

의 화려한 물결이 일본을 찾아올 것이다.

(11) 패션이 1980년 경까지는 의류품 주도형이지만, 1985년 이후는 틀림없이 환경 주도형으로 변해 갈 것이다.

그리고 그 과도기에는 생활면에서의 패션에 대한 재검토가 강화될 것 같다.

표 24에 내가 생각하고 있는 바를 추가하면, 지금까지 말한 것과 같이 된다.

미래 예측은 맞을 것인지 맞지 않을 것인가가 불확실하다. 다만, 이것은 지금의 나의 입장, 나의 인간성, 나의 체질, 나의 생각을 종합 정리한 것으로 새로운 정세에 따라 크게 변화도 할 것이며, 어디까지나 절대적인 것이 아니라는 점을 이해하고 읽어주기 바란다.

일반적으로 예측이나 계획은 들어맞지 않는 것이다. 그러나 계속적인 변화를 통해 비즈니스를 궤도에 올려놓으려면 불가결한 것이기도 하다.

나는 해마다, 10년 앞을 예측 하여 계획을 만든다. 그리하여 매년 수정해 나간다. 동시에 5년 앞이나, 3년 앞도, 1년 앞에 대해서도 수정하고 있다. 이제까지는 이들 수법이 대개 기업에서 실시되고 있다. 예측이라거나 계획의 축적과 변경은 기업 경영에 있어 가장 중요하다는 것이 지금은 하나의 상식이 되었으며, 변화무쌍하다고 생각되는 패션 비즈니스에서도 똑 같다는 것은 새삼 말할 필요가 없을 것이다.

3. 제4차 산업으로서의 패션 비즈니스

1985년 이후, 제4차 산업=정보관련 산업시대가 올 것이라고 나는 생각한다.

그것은 크게 나누어 ① 윤리산업 ② 정서산업 ③ 지식산업
④ 정보산업의 4가지일 것이다.

이것은 앞으로 우리 일본사람들이 지향하게 되면, 가장 유망한
사업이 될 것이다. 세부적인 설명은 생략하지만, 어떠한 분야
나 기업이 미래지향적인가 하는 의미에서 설명하기로 한다.

1) 윤리산업

수도장, 검도, 유도, 당수, 요가, 서도, 다도, 종교, 점치기
(철학자, 종교가, 단체, 사상가, 예언가, 역술가)

2) 정서산업

텔레비전, 라디오, 스테레오, VTR, 출판사, 영화회사, 극
단, 악기회사
(소설가, 작곡가, 가수, 화가, 사진가, 디자이너, 흥행사,
프로듀서)

3) 지식산업

컴퓨터 회사,학교, 교재회사, 싱크 탱크(thing tank ; 두뇌집
단), 연구소, 엔지니어링 회사
(변호사, 공인 회계사, 경영 컨설턴트, 각종 전문가, 기술
자, 감정사)

4) 정보산업

컴퓨터 회사, 매스컴 회사, 계산 센터, 인쇄회사, 소프트웨어
회사, 데이터 뱅크, 흥신소
(정보제공자, 예상가, 르포라이터, 조사원)

이상, 생각나는 대로 말했지만 이들의 기업(회사)과 직업에
패션 비즈니스를 관련시키면 흥미가 깊다.

패션 비즈니스를 이렇게 생각해 보면, 올라운드 비즈니스라는
것을 알 수가 있다. 윤리산업이기도 하며, 물론 정서산업도 된
다. 더 나아가서 정보산업 또는 지식산업일 수도 있다. 그것은

제4차 산업 전체와도 밀착된다.

　이같은 시대적인 상황을 잘 이해하면서 교묘하게 밀착된 패션 비즈니스는 하나의 미래상으로서 떠오르게 될 것이다.

　이와같이 제4차 산업의 방향을 관찰할 때, '호기심 뿐'이거나 '센스뿐'인 패션 맨에서 더욱 발전된 기업가가 되려면 냉정한 계산이 필요하다는 것을 이해하게 될 것이다.

　패션 비즈니스의 중심인물은 남성적인 요소가 강한 인간이 될 것 같다고 내가 예측하고 있는 이유가 여기에 있다. 예를 들면, 나 같은 사람은 50대 중반으로서, 지금보다 큰소리 치며 패션 전문가로서 패션업계를 걸어갈 수 있을 것 같다는 생각이 드는 것도 이와 같은 이유에서인 것이다.

　물론 다른 견해로 보면, 1985년 이후에 패션 비즈니스라고 하는 비즈니스가 없어질는지도 모른다. 그것이 환경 속에 용해되어 이제 새삼 특정의 비즈니스라고 특별히 거론할 필요가 없는 것이 되어 버린다고 할 수도 있다.

　이것이 올 라운드 비즈니스가 도달하게 되는 모습이다. 그렇다고 한다면 '모든 산업은 패션산업이며, 그것은 특별한 하나의 업계를 떠나서 비약적으로 소멸된다'고 하는 것이 옳은지도 모른다.

　그런데, 최근 내가 가장 감동을 받은 책은 마스다(增田米二)씨의 저서 《정보경제학》이다. 산업능률 전문대학 출판부에서 간행된 것인데, 일본 컴퓨터 부문의 최고 권위자이다.

　미래 전망에 대해서도 가장 정확한 예측을 기술하고 있다. 이 책 안에는 '공업사회와 정보화 사회'(1980년경 이후의 사회)에 대해서 기가 막힌 도표가 있었다. 표 25로 전재한 것이 바로 그것인데, 이 표를 통해 패션과 관계된 다음과 같은 것을 알 수

〈표 25〉 공업 사회와 정보화 사회의 패턴 비교

		공업 사회	정보화 사회
혁신적기술	중핵체(中核體)	증기 기관(동력)	컴퓨터(기억·연산·제어)
	기본적 기능	육체노동의 대체와 증폭	지적 노동의 대체와 증폭
	생산력	물질적생산력 (1인당 생산량의 증가)	정보생산력(최적행동 선택능력의 증대)
사회·경제구조	생산력	유용물·서비스의 대량생산	정보·기술·지식의 대량생산
	생산기관	근대공장(기계·장치)	정보 유틸리티(정보 네트워크, 데이터 뱅크)
	시 장	신대륙, 식민지, 소비 구매력	지적 프런티어, 정보공간, 기회의 증대
	리딩 산업	제조업(기계공업·화학공업)	지능산업(정보산업·지식산업)
	산업 구조	제1차·제2차·제3차 산업	매트릭스 산업구조(제1차, 제2차, 제3차, 제4차 / 시스템 산업)
	경제 구조	상품경제, 분업, 생산과 소비의 분리	자작, 공동생산·공동이용
	사회·경제 원칙	가격법칙(수요와 공급의 균형)	목적법칙(공동적 피이트 원리)
	사회·경제 주체	기업(사기업, 공기업, 제3센터)	지역적·기능적 커뮤니티
	사회·경제 체제	자본의 사적 소유, 자유경쟁원리, 이윤극대화	인스트럭처·공동원리·사회편익의 우선
	사회 형태	계급사회(중앙집권·계급·통제)	공동사회(다[多]중심 상호보완, 자립성)
	국민 목표	GNW(국민 총복지)	GNS(국민 총충족)
	정치 형태	의회제 민주 정치	직접 참가 민주정치
	사회 변혁력	노동운동, 스트라이크	시민운동, 법정투쟁
	사회 문제	실업·전쟁·파시즘	미래쇼크, 테러, 관리사회화
	최고단계	고도 대중소비사회	고도 미래 실현사회
가치관	가치 단계	물적가치(생리적 욕구의 충족)	시간적 가치(목적달성욕구의 충족)
	윤리기준	기본적 인권, 박애	자기 규율, 사회적 공헌
	시대 사도	휴머니즘(인간 중심의 사상)	글로바리즘(인간과 자연의 공생사상)

있을 것이다.

1) 이제부터 앞으로 10년 동안, 가장 유망한 산업의 하나로 패션산업이 있다. 왜냐하면 이제부터는 물건의 대량생산시대가 끝나고 정보·기술·지식의 대량생산 시대가 되기 때문이다. (다만, 유망한 비즈니스가 되기 위해서는 그 안에서 리딩 비즈니스로서의 권위를 갖는 일이 한가지 필요할 것이다. 이어 제3차 산업시대가 도래한 현재, 그 속에서 살아남고, 이겨 남기 위해서는 '좋아하며' '센스가 있으며' '무조건 일한다'는 것이 기본조건으로서 필요한 것이다).

2) 경제 구조가 자작(自作), 공동생산, 공동이용이며, 사회형태가 많은 것 중심, 상호 보완, 자립성인 이상, 패션 비즈니스는 개인에 대한 밀착성을 쌓아 올리는 것이 되지 않을 수 없을 것이다.

   (예를 들면, 사세호(佐世保)시에는 베니스라는 멋진 패션점이 있다. 매장면적은 1,300평방 미터 정도다. 사장인 마쓰오(招屋)씨 이하 사원들은 패션 센스가 매우 뛰어난 사람들뿐이며, 주로 나가자키(長崎)현과 사가(佐賀)현의 패션 지향이 강한 여성들을 당골손님으로 만들고, 그들의 '멋'에 대해 완벽한 밀착서비스를 제공하고 있다. 머리끝에서 발끝까지 모든 점에 신경을 써서 제1급의 패션을 만끽하게 해주는 것이 이 베니스의 특색이다. 이같은 패션 비즈니스가 지금부터 5년 후, 10년 후에는 하나의 기본적인 시류가 될 것 같다.)

3) 시대적인 사상이 세계주의가 되고, 시간적 가치가 매우 중요해지면 의류품 중심의 패션은 크게 무너지게 될 것이다.

   (한때, TPO[Time, Place, Occasion] 논의가 왕성했었다.

그러나 이것은 잠시 호화스런 것에 불과했고, 앞으로의 TPO는 하모니를 중요시하는 균형적인 TPO가 될 것이다. 개성과 환경을 어떻게 융화시켜 규격화하느냐 하는 것이 하나의 과제가 될 것이다.)

이 원고를 쓰면서 느끼게 되는 것은 패션이라는 것이 역시 끝이 없으며 어렵다는 점이다. 패션론을 바로 이것이라고 결정적으로 말할 수 없다. 그것이 패션론이다.

나와 아내는 곧잘 '입고 나갈 옷이나 구입해야 할 가구'에 대해서 의견 충돌을 일으켰다. 여러 해에 걸쳐 함께 살았고 모든 것을 속속들이 다 알고 있는 사이인데도 개성이 다른 이상, 아름다움이나 조화에 대한 센스의 차이가 있다. 그리고 어느쪽이 옳은가는 쉽게 아무도 결정할 수 없다. 좋아하는 것이 다르기 때문이다.

그런데, '이 쪽이 좋다'고 결정하는 것이 현재의 패션이며, 미래의 패션은 '모든 것이 좋다'고 포용하는 일이 될 것이다.

자칫하면 10년 후에는 센스와 동시에 감성의 룰화가 성공하여, 패션 비즈니스도 멋있게 규격으로 조립되어 서있게 될는지도 모른다.

그렇지만 그런 일보다도, 일본 사람의 교육 수준을 향상시키고 환경을 아름답게 정비해 나가는 일이야말로 일본의 패션 비즈니스의 향상이라고 깨닫는 것이 나로서는 옳다고 생각되는 것이다.

독자의 의견을 기다린다.

대형 소매업
'93 전략과 과제

후나이종합연구소 보고서(요약)

마케팅 컨설팅 전문인 후나이(船井) 종합연구소는 '93년 한국 대형 소매업의 과제와 중점 경영전략'이라는 연구서를 냈다. 이 연구소는 유통시장 개방을 겨냥, 해외사업 본부를 신설하고 외국 유통 업체의 활동 및 환경 등을 분석하는 등 국제 업무를 강화하고 있다. 우라오쇼조(浦尾省吾) 국제유통 부장팀이 작성한 이 보고서를 요약해 보면 다음과 같다.

'한국 소매업은 경기 침체에도 불구, 확장세가 이어지고 있다. 그러나 내용상 문제가 있다. 매출 증가는 대부분 바겐세일에 의해 이루어지고 있기 때문이다. 이는 앞으로 수익 압박 요인이 된다. 내년에 한국의 대형 소매점은 5개 항목의 정책이 필요할 것이다.

① 상권 확대와 적정 규모 ② 기존점 활성화 ③MD(자주적인 머천다이징) ④ 상권내 제1의 매장 확보 ⑤ 업무 시스템 개척 등이다.

대형 점포화는 상품의 종합화로 집객화(集客化) 효과를 높이고 부동산 투자 효율을 제고하며 주체성을 확보, 사업선에 대한 우위성을 확보하려는데 있다.

최근 한국에는 대형점 경쟁시대의 막이 열리고 있다. 대형점은 업태별로 다양하다. 경영체별로는 상사대(商社對) 부동산 기업의 싸움이며, 입지(상점 위치)별로는 번화가, 터미널 입지와 교외 입지간의 경쟁이다. 또한 백화점과 대중양판점(GMS), 종합시설간의 싸움이 되고 있다.

현재 대형점 출점(분점)전략은 물건주의(物件主義)이다. 그 배경에는 '5·8' 부동산 특별 조치의 영향으로 싼 상업시설을 만들려는 심리가 작용한다. 그 결과 매출 부진이라는 현상을 초래하고 있기도 하다.

그러나 이런 단기적 전략으로는 경쟁에서 이길 수 없다. 점포 구성요인은 ▲입지 환경, ▲상권 구성층의 욕구, ▲투자 채산성 등이다. 특히 입지적인 환경이 중요하다. 그 입지는 20만명 이상의 대상권, 10만명 이상의 중상권, 5만명 이하의 소상권으로 대별된다. 이런 가운데 생활지향(生活志向)인가, 고급지향(高級志向)인가를 가려 전략을 전개해야 한다.

한국의 백화점이라면 롯데·신세계·미도파·대구백화점 등 몇개사 밖에 없다. 나머지는 대량판매점 등이다. 비싼 상품을 갖다 놓았다고 해서 백화점은 아닌 것이다.

앞으로 출점(분점)전략은 제1의 점포, 제1의 입지말고는 돈벌이가 안된다는 것을 전제로 해야 한다.

부산은 인구 4백만명이 넘는 대도시이다. 그렇지만 소매업계는 대단히 낙후되어 있다. 현재 1등 점포는 태화(太和)백화점으로 매장 3천 6백평, 연간 매출 1천 1백 60억원이다. 다음에 2위는 부산백화점으로 매장 3천 3백평, 매출액 4백억원이다. 거의 동일 규모인데 매출액은 3배나 차이가 난다. 이는 패션 등 우량 메이커가 테넌트(Tenant)로 출점하고 있기 때문이다. 상품력의 격차라기 보다는 입지의 차이라고 보는게 옳다. 부산시 전역을 대상으로 한 1등지는 태화백화점이 있는 서면지구이다. 단지 입지로 승리하고 있는데 불과하다. 이처럼 1등점과 2등점의 차는 크다.

이런 현상은 전국 각지에서 볼 수 있다. 따라서 기업전략의 목표는 '지역 제1'에 두어야 한다. 매장수 증가율과 판매 점유율, 자본 수익성을 감안해야 한다.

〈대형소매점 매장 면적 순위(신규점 포함)〉　(9월말 현재)

순위	점 명	매장면적 (㎡)	91년도 매출 (백만원)	개점 시기
1	청량리 프라자	39,128		95
2	코아백화점	38,181		94
3	롯데백화점 잠실점	36,931	285,690	88
4	태백프라자	35,970		93. 9
5	롯데백화점 본점	35,354	515,921	79
6	롯데백화점 서면점	35,310		95
7	롯데백화점 대구역사	33,000		95
8	신세계백화점 터미널점	〃		93
9	뉴코아백화점 과천점	〃		92. 9
10	진로유통타운점	〃		93.12
11	미도파백화점 상계점	30,855		92. 9
12	현대백화점 본점	30,451	244,337	85.12

※ 인가가 나지 않은 대형점은 제외

　1등점의 조기대응은 '규모의 대응'이기 때문에 한국에서는 현재 1만평 점포의 싸움이 중심이 되고 있다. 일본백화점은 3만평 싸움이다. 그러나 입지환경이나 회사의 힘을 고려한 적정 규모화가 중요하다. 장래의 확장 가능성, 자동차의 접근 가능성 등을 고려하여 점포를 개발해야 한다. 규모의 결정 요인은 시장 규모를 감안한 셰어율, 포맷 등 상대적 상품 확보 능력 등이다.

　'판매량은 힘이다'. 체인점은 이런 메커니즘에서 추진된다. 그러나 상권 제압은 서울의 대형 백화점 밖에 할 수 없다. 지방의 대형소매점은 계혈화 되든지 각각 도(道)내에서 체인화를 도모 하는 수밖에 없다. 그런 경우에도 핵점포(核店舖)를 구축하는 것이 유리하다.

한국 부동산 사정에 비추어 디벨로퍼 사업이 유망하다. 단순한 테넌트 임대 사업은 경쟁력을 잃게 된다.

소매업은 시대 대응업이라는게 영원한 테마이다. 기존 점포는 소비자의 변화를 염두에 둔 활성화가 필요하다. 구체적으로는 상품진열, 판매 등 MD활동이 수정돼야 한다. 브랜드 선정 등 상품분류 기준도 완전히 바꿔야 한다.

앞으로 대형점은 상품 하나 하나에 어울리는 환경 디자인을 어떻게 할 것인가도 중점 과제라 할 것이다.

경쟁시대에는 규모만으로 고객을 끌어들일 수 없다. 대체로 집객(集客)요인은, ① 통일성 20％ ② 종합성 15％ ③ 최고 상품 매장 25％ ④ 집객품(集客品) 10％ ⑤ 교통 10％ ⑥ 레저요소 10％ ⑦ 주차장 요소 10％ 정도라는 것을 염두에 두어야 한다. 즉, 복합 기능이 매력이다. 특히 교외형이 요구된다.

경쟁은 강자와 약자로 나뉜다. 각자의 입장에 맞는 전략을 짜야 한다. 특히 약자는 제1의 상품을 어떻게 확보해야 할까. 종합적으로 제1이 안되면 분야별 제1전략이 좋다.

서울에서는 롯데가 전 분야에서 매출이 1등이었지만, 현대백화점 본점, 뉴코아 등은 식품 부문에서 앞선다. 이것이 전체의 매상 확대로 연결되는 이유이다. 따라서 '매장면적＝매출'이라는 도식보다 특정 부문의 매장 면적을 비교한 매장 확보 전략이 필요하다.

소득 수준 향상과 지적(知的) 레벨이 높아짐에 따라 잡화 부문이 성장한다. 따라서 한국에 있어서도 이 잡화 부문의 강화가 매우 중요할 것으로 생각된다. 종래 대형점의 상품별 배치는 의류품을 중심으로 우선 순위가 주어졌다. 그리고 이제는 식품·음식·의류·생활용품 기타 순으로 바뀌어야 한다. 그만큼 식품 부문의 강화가 바람직하다.

그런데 한국의 대형소매점은 바겐세일적인 체질의 탈피가 주요한 과제이다. 의류 메이커 등은 내수와 수출 부진으로 재고가 급증하므로서 중국이나 중남미 시장개척에 힘을 쏟고 있다. 또 국내 판매에서도 바겐세일의 체질에서 탈피, 이미지 제고

〈머천다이징 분류법〉

완전한 상품취급	상품의 분류
(1) 상품 구분	(1) 대상별
1. 권위 상품	1. 성
2. 중심 상품	2. 연령
3. 봉사 상품	3. 그룹
(2) 가격 구분	(층별 매장 구성은
(3) 계절 구분	용도 대상별로)
1. 연중 상품	(2) 용도별
2. 계절 상품	1. 작업
(4) 기간구분	2. 장소
1. 소개기	3. 기능
2. 최성기	(3) 관심도별
3. 정리기	1. 색·무늬
(5) 사용목적 구분	2. 모양디자인
1. 선물 상품	3. 사이즈
2. 자가소비 상품	4. 가격
(내구성 상품)	5. 소재
(소모재 상품)	6. 취미
	(상품진열은
	관심도별로)

대책을 검토중이다.

유통업의 MD원리, 원칙은 다음 6가지이다. 적시(適時)·적품(適品)·적가(適價)·적(適) 서비스·적량(適量)·적당한 제안 등이다.

현재 메이커의 과제는 상품 개발력 향상과 임금 급등에 따른 코스트 상승대책이다. 전자에 대해서는 일본처럼 상품 가지수를 풍부하게 하려면 국내 메이커 상품만으로는 대응할 수 없다. 수입할 수 밖에 없는 구도이다. 한국의 대일(對日) 적자 현상도 이런 제도와 관련되어 있다 .따라서 경쟁이 치열한 상품보다는 아직 미개척 상품을 개발해야 한다. 또 디자이너의 고임금도 기업체질을 떨어뜨린다. 앞으로는 개인에 의존하기 보다는 조직체로서 임금 밸런스를 확보, 마케팅니즈 차원에서 상품을 개발해야 한다.

지금 바람직한 것은 종합적 시장대응 시스템(MCS)의 도입이다. 이것은 ▲미개척 시장 겨냥 ▲신속한 시장 대응 ▲소매 스페이스 확보 ▲상품 보완 ▲유연한 생산 ▲운영조직 확립 ▲소매, 소재, 메이커 3자간의 종합적 시스템화 등이다.

MD라는 것은 고객에 만족을 줄 수 있는 상행위이다. 즉 팔고 사며, 선전하는 여러가지 활동을 과학적, 수치적으로 표현하는 일이라 할 수 있다.

그 기본은 상품의 분류인데 시장은 상품의 분류로 성립된다. 분류 기준은 각 시점에서 마켓 고객의 욕구 단위에 의해 결정된다.

상품 분류에 대해 간단히 설명해 보자.

예들어 2층과 3층은 부인복 매장이라 치자. 이는 성별 분류이다. 이번에는 2, 3층을 고가품과 저가품으로 한다면 이는 가격 분류이다. 기혼자와 미혼자로 나눈다면 이것은 연령 분류이다.

이처럼 여러 가지 분류 방법이 있다.

따라서 신점, 리뉴얼을 한다는 것은 상품 분류를 바꾼다는 것을 뜻한다.

그렇다면 왜 분류를 변경해야 하는가? 이는 고객이 바뀌기 때문이다. 소비자가 변화하면 분류도 바뀌지 않으면 안되는 것이다.

현재는 상품 그룹별로 대·중·소 분류를 검토하여 무엇을 확대하고 축소할 것인지를 논의해야 할 때다. 또 경우에 따라서는 종래의 상품 분류를 초월하여 하나의 타깃 고객을 상대로 한 토털상품 구비 단위를 설정하는 방법도 있다. 따라서 컨셉트점이 탄생하는 것이다.

개성화 될수록 타깃별 컨셉트점에 대한 필요성은 내년이후 높아질 것으로 예상된다.

시장개방에 따른 경쟁시대에 상품분류 리뉴얼은 전사적(全社的) 의식 개혁 차원에서도 행해져야만 한다.

MD는 임대 산업적인 대형소매업에서 탈피, 명확한 컨셉트를 가진 자주(自主)적인 MD가 필요하다.

특히 93년도에는 '핵(核)'매장(상품)작업, 고객층 확대상품 개발, 가격 MD확립(상한선, 중한선, 하한선의 설정), 성장하는 것을 늘리는 것, 높은 이미지의 대중판매기법 도입을 중심으로 한 전략을 짜야 한다.

후   기

　머리말에서도 말한 것처럼, 이 책은 금년 1년 '후나이 유키오의 패션 비즈니스론'으로서《상품계》지상에 연재한 것을 주로 하여 가필, 한권으로 정리한 것이다.

　따라서 소매점이 내용의 중심이 되어 있다. 이 점에 대해서는 너그러운 양해를 구하려고 한다.

　이 시대의 경영에 있어서 우선 소매점의 움직임을 알지 못하면 어떠한 손도 쓸 수 없게 되었다. 얼마 전이라면 우선 메이커의 움직임, 이어 도매상의 동태와 같은 것을 파악하여 경영 방침이나 방향을 결정했다. 그러나 오늘날에는 180°로 방향을 전환시키지 않으면 안되게 되었다. 이것이 시대적인 흐름이다.

　그러한 의미에서, 이 책이 '내일의 경영을 위하여', 패션업계, 소매업계 뿐만이 아니라 온갖 산업, 업계에 충분히 참고가 된다고 확신하고 있다.

　패션시대가 왔다. 그리고 1985년은 탈(脫)패션시대가 될는지도 모른다. 그러나 모든 것이 패션화 할 것이라는 전제 위에서의 탈패션이라고 해도 패션의 수준이 지금보다 후퇴하는 일은 결코 없을 것이다.

　경영이란 시대적인 흐름에 역행할 수 없다.

　시대적 흐름에서 선행(先行)하는 비즈니스인 패션 비즈니스는 앞으로의 기업경영을 선도할 것이다.

　그러한 의미에서도 이 책은 패션계 뿐만 아니라 모든 업계에

통하는 것이 될 것이라 생각하고 있다.

이 책의 교정을 보면서 느끼게 된 것은 아사노씨의 죽음으로 쇼크를 받고 기가 죽어 있던 내가 교정을 보고 있는 동안에 다시 금 언제나와 같은 기운을 되찾아 일해 보겠다는 의욕이 되살아 났던 것이다.

인간이며, 남자이며, 경영자이고, 경영 컨설턴트인 이상, 나에 게는 하지 않으면 안될 일이 산더미처럼 있다. 눈을 빛내며 원기 넘치게 살고 있는 나, 그곳에 바로 나의 본질이 있다는 것을 느끼 고 있다.

이제부터 앞으로, 나는 죽은 친구의 몫까지 열심히 해보려고 한다. 그도 저승에서 응원해 줄 것이다.

저　　　자

저자약력────────────────────

- 1933년 오오사카에서 출생. 교토대학 졸업.
- 일본 산업심리연구소 연구원. 일본 매니지먼트협회·경영 컨설턴트. 경영지도부장 이사 등을 거쳐 1970년 (주) 일본 마아케팅센터 설립.
- 현재 후나이그룹(후나이총합연구소) 총수
- 경영 컨설턴트로서는 세계적으로 제1인자. 고문으로 있는 기업체만도 유통업의 과반이 넘는 대기업체를 중심으로 약 1,300사. 지난 10년간 후나이의 지도로 매상이 90배 이상, 이익이 180배 이상 성장한 기업은 100개사 중 60개사로서 그 중 도산된 회사는 하나도 없음.
- 주요저서 〈성공의 노하우〉〈인간시대의 경영법〉〈성공을 위한 인간학〉〈21세기 경영법칙 101〉〈패션화시대의 경영〉〈매상고 향상 비법〉〈베이식 경영법〉〈신유통 혁명〉〈유통업계의 미래〉등 다수.

개정판 2021년 9월 30일
발행처 서음미디어(출판사)
등록 2009. 3. 15 No 7-0851
서울特別市 東大門區 新設洞 114의 7
Tel 2253-5292
Fax 2253-5295

企　劃
李 光 熙
發行人
李 光 熙
著　者
船井幸雄
編　譯
最高經營者研究院
Printed in korea
정가 15,000원